AF590263

J. DODY

Le Critérium SOCIOLOGIQUE DE LA RAISON D'ÉTAT

PARIS
TRICON, ÉDITEUR
90, rue de Rennes, 90

1903

LE

CRITÉRIUM SOCIOLOGIQUE

DE LA

RAISON D'ÉTAT

TYPOGRAPHIE FIRMIN-DIDOT ET Cie. — MESNIL (EURE).

LE

CRITÉRIUM SOCIOLOGIQUE

DE LA

RAISON D'ÉTAT

PAR

J. DODY

PARIS

PUTOIS-CRETTÉ, ÉDITEUR

TRICON, SUCCESSEUR

90, RUE DE RENNES, 90

1903

AVANT-PROPOS

Par raison d'État on entend, dans le sens vulgaire du mot, l'absence d'autre raison, c'est-à-dire tout ce que l'État peut faire arbitrairement.

Nous prenons ici ce terme dans un sens plus général et plus philosophique, la *raison d'être* de l'État, c'est-à-dire l'ensemble de tout ce que l'État peut et doit faire, par cela même qu'il est l'État.

Et nous nous proposons, dans le présent ouvrage, de rechercher un critérium d'une absolue généralité, tel que, si on l'applique à un acte gouvernemental quelconque, exécutif, législatif ou judiciaire, ressortissant de la politique intérieure ou de la politique extérieure, on puisse reconnaître si cet acte est licite ou tyrannique, de la part du gouvernement.

La possession d'un pareil critérium est nécessaire et suffisante pour supprimer les hésitations chez les gouvernants et, chez les gouvernés, les discussions, en admettant, bien entendu, qu'ils soient de bonne foi les uns et les autres.

L'ignorance de ce critérium, ou sa méconnaissance, conduit à des erreurs sociologiques, qui sont, de toutes les erreurs scientifiques, les plus préjudiciables à l'humanité.

Qu'un astronome en effet se trompe dans l'énoncé d'une norme cosmologique, qu'il enseigne cette erreur, que l'humanité entière arrive à la partager à sa suite, il n'y a pas grand mal à cela; l'humanité n'en éprouve aucun dommage.

Qu'un chimiste, qu'un physicien annoncent des principes erronés, les applications fondées sur ces principes ne réussiront pas, il y aura pour l'humanité un manque à gagner, mais pas une perte réelle.

L'erreur même d'un biologue ou d'un médecin n'a d'effets funestes que pour des individus isolés, au lieu que l'application d'une erreur sociologique peut avoir pour des nations entières les plus graves conséquences.

Il est peu de points en sociologie dont l'élucidation soit plus utile que celui choisi pour objet de notre étude, et il en est peu en même temps sur lesquels le désaccord soit aussi complet jusqu'à présent.

On se trouve, par exemple, en face de maximes aussi diamétralement opposées que les deux suivantes :

« Il faut obéir à la loi, quelque dure qu'elle soit (*dura lex, sed lex*). »

et :

« L'insurrection est le plus sacré des devoirs (sous-entendu : quand la loi est injuste). »

Dans quels cas l'une ou l'autre de ces maximes a-t-elle raison?

A quel point exact la loi cesse-t-elle d'être simplement dure pour devenir injuste?

Ce sont des questions que chacun résout à sa façon, et souvent malheureusement en se laissant guider par des raisons sentimentales plutôt qu'intellectuelles.

Les partis politiques qui divisent une nation sont le plus souvent affaire de sentiment.

Nous avons ici l'intention, en nous appuyant uniquement sur la raison pure, éclairée par l'expérience, d'arriver à départager logiquement la justice absolue et la raison d'État, de trouver le *modus vivendi* sortable entre ces deux principes apparemment contradictoires, la synthèse de cette thèse et de cette antithèse.

PREMIÈRE PARTIE

DÉTERMINATION DU CRITÉRIUM

DE LA

RAISON D'ÉTAT

CHAPITRE PREMIER

DE LA SOUVERAINETÉ

D'ordinaire, quand on cherche à résoudre le problème de la limitation de la raison d'État, on commence par s'occuper de ce qu'on nomme la *Souveraineté*.

Qu'est-ce que la Souveraineté? Est-elle, oui ou non, de droit divin? Réside-t-elle dans le monarque ou dans le peuple, et, si elle réside dans le peuple, celui-ci la garde-t-il intégralement ou la délègue-t-il? A qui, comment, et dans quelle mesure?

Évidemment, si toutes ces questions étaient résolues, le problème de la limitation de la raison d'État serait bien près de l'être; mais elles ne sont pas résolues, et cela par la bonne raison que personne n'a jamais su, et ne saura jamais, pensons-nous, ce que c'est que la *Souveraineté*.

Du moins il nous a été impossible, quant à nous, d'en rencontrer une définition tant soit peu claire, rationnellement satisfaisante et répondant aux données de l'expérience.

Par exemple, on dit généralement : « Le souverain est celui qui est au-dessus des lois, et de qui elles émanent. »

Mais ce n'est là qu'une définition par attribut, et non pas une définition d'essence. Pourquoi le souverain est-il au-dessus des lois?

C'est comme si pour définir un aérostat, par exemple, on disait : « C'est un objet qui monte tout seul dans les airs. »

Nous ne serions guère avancés après cela si nous ne possédions par ailleurs la vraie définition, *per genus et speciem* : « Un aérostat est un ballon rempli d'un gaz plus léger que l'air. »

Expliquant par cela même cet attribut qui est la force ascensionnelle de l'aérostat dans l'atmosphère.

Pour la Souveraineté, rien de semblable; rien

qui explique pourquoi il y a des gens, dits souverains, qui sont au-dessus des lois.

« Parce qu'ils ont reçu ce droit de la divinité, » dit-on parfois.

Cette prétendue explication n'est qu'une simple assertion nouvelle.

Cette assertion n'étant pas vérifiable, comme la légèreté des gaz qui gonflent le ballon, n'est elle-même qu'une simple hypothèse.

Certes, la science est obligée, dans bien des cas, de s'en tenir encore aux hypothèses, mais celle-ci ne présente aucun des caractères d'une hypothèse scientifique.

Et quant aux hypothèses, autres que le droit divin, tentées pour expliquer la Souveraineté, soit chez le monarque, soit chez le peuple, elles lui sont encore inférieures, et ce n'est pas peu dire, au point de vue de la rigueur scientifique.

Pour tâcher de nous débrouiller dans cette question chaotique qu'est l'étude de ce qu'on nomme la Souveraineté, rappelons d'abord ici les phases historiques des concepts de Souveraineté et de Liberté, la façon dont les peuples ont successivement envisagé, accepté et revendiqué les droits divins, régaux et civiques.

L'histoire de l'humanité, au point de vue qui nous occupe, a présenté quatre périodes, qui se sont succédé parallèlement à la marche de la civilisation.

1re Période. — *Immixtion directe de la métaphysique dans la politique.*

La divinité, pensait-on, gouverne directement les hommes; Osiris, Odin, Saturne furent les premiers rois.

L'homme n'a aucun droit, aucune liberté. A cette période, le droit divin et le droit régal se confondent; le droit individuel ou civique n'est pas soupçonné.

Transition. — « Mais, s'est dit peu à peu chaque peuple, notre souverain est parfois vaincu à la guerre; la divinité ne doit pas pouvoir être vaincue; il est sujet à la mort, alors que les dieux sont immortels; notre souverain ne peut donc être un dieu. »

Et ainsi on en est arrivé à la :

2e PÉRIODE. — *Immixtion indirecte de la métaphysique dans la politique.*

La divinité donne à certains hommes, aux souverains terrestres, tous les droits, tous les pouvoirs humainement concevables, et se réserve pour elle tous les droits non concevables humainement, l'*Ananké*, le *Fatum*, le *Destin*.

L'individu reste toujours privé de tous droits.

Dans cette période apparaît la distinction du droit divin et du droit régal, mais non leur séparation complète, puisque le second tire son origine du premier, dont il est une émanation directe.

Le droit civique n'est toujours pas envisagé.

Transition. — « Puisque les souverains, s'est-on dit, ne sont décidément pas des dieux, mais des hommes sujets comme nous à la maladie, à l'erreur, etc., en un mot *identiques* à nous dans leur essence corporelle et dans les parties sensible et intellectuelle de leur essence psychique, est-il admissible qu'il y ait une distance *infinie* entre eux et nous dans la partie volontaire de leur essence psychique, c'est-à-dire qu'ils possèdent la plénitude de la liberté, du droit, alors que nous ne pouvons prétendre à en détenir aucune parcelle.

« Non, les souverains ont bien des droits supérieurs aux nôtres, c'est un fait que nous constatons (jusqu'à présent) et que nous voulons bien admettre, mais nous, simples sujets, nous avons certainement aussi des droits individuels. »

Et on a conclu à la :

3ᵉ PÉRIODE. — *Immixtion de plus en plus indirecte de la métaphysique dans la politique.*

La divinité, gardant toujours pour elle le Fatum, donne aux rois des droits souverains, et aux sujets des droits individuels.

Les rapports du droit divin et du droit régal restent à peu près ce qu'ils étaient à la période précédente; mais, à côté d'eux, nous voyons surgir pour la première fois le droit civique, comme émané du droit divin, parallèlement au droit régal, sous la sujétion duquel il demeure.

Transition. — « Mais, a-t-on observé alors, il arrive parfois que le gouvernement d'un roi est insupportable pour nous, sujets.

« Puisque nous avons des droits, nous ne sommes plus tenus de *tout* supporter, comme cela arrivait quand nous n'avions *aucun* droit.

« C'est donc qu'en principe nous pouvons licitement, dans certains cas, renverser un roi.

« Mais alors, si nous pouvons le renverser, c'est qu'il ne tient pas de la divinité même un droit souverain spécial, contre lequel notre simple droit individuel inférieur ne saurait prévaloir dans aucun cas. »

Tel fut en particulier le raisonnement que tinrent les Romains sous Tarquin le Superbe, après avoir rapidement traversé les deux périodes précédentes du concept de la Souveraineté, depuis Numa et Égérie, qui marquèrent pour eux la limite de la première période, celle de l'intrusion de la divinité dans les affaires politiques humaines.

Il y a, bien entendu, des peuples chez qui cette évolution est beaucoup plus lente ; nombre d'entre eux, par exemple, en sont encore aujourd'hui à la deuxième période, celle du droi régal absolu, limité seulement par le Fatum, et excluant le droit civique.

La formule de cette deuxième période est en effet particulièrement claire et simple, et c'est ce qui explique qu'on s'y est tenu fort longtemps chez la plupart des peuples.

Mais quoi qu'il en soit, et quelque irrégulière que soit l'évolution, il est normal que, par la transition indiquée en dernier lieu, chaque peuple arrive à son tour, comme quelques-uns sont déjà arrivés, à la

4e Période. — *Cessation de l'immixtion de la métaphysique dans la politique.*

La divinité ne donne pas à certains hommes des droits souverains; elle donne seulement des droits individuels à tous; elle ne crée plus les hommes *sujets*, elle cesse donc de les astreindre à quoi que ce soit touchant le mode de gouvernement; elle ne s'occupe plus de politique, et les laisse se débrouiller comme ils l'entendent vis-à-vis du Fatum, qu'elle se réserve toujours.

Une preuve de l'exactitude historique des déductions précédentes nous est fournie par les évolutions survenues dans l'attitude de la papauté aux diverses époques.

Cette attitude est instructive parce qu'elle représente assez bien à chaque instant la résultante des aspirations et des conceptions d'une partie notable de l'humanité; de plus, elle est un des phénomènes les plus faciles à suivre historiquement.

La papauté, instituée après que la première des quatre périodes sus-indiquées était déjà périmée, a commencé par professer les opinions de la deuxième période, et, par une évolution lente et continue, elle en est arrivée, de nos jours, à admettre absolument les assertions de la quatrième période, à savoir que Dieu n'impose aucune forme de gouvernement aux nations, et qu'il a donné des droits égaux à tous les hommes.

C'était également la conclusion des philosophes français du XVIIIe siècle, et c'est cette formule de la quatrième période qui a été paraphrasée, sous une forme concrète, dans la Déclaration des Droits de l'homme.

Avec cette formule, il semble que le terrain soit bien déblayé et que l'on soit mûr pour la fondation d'institutions sociales et gouvernementales rationnelles.

Mais malheureusement il n'en a pas été ainsi tout de suite; à l'inverse des formules des trois premières périodes, qui étaient fausses mais claires, on s'est appliqué, comme à plaisir, à rendre obscure la dernière formule, qui est exacte. Et cela parce qu'on n'a pas su renoncer à cette idée, ou plutôt à ce vocable de Souveraineté, dont on avait l'entendement et les oreilles ataviquement imbus.

C'est très bien, a-t-on dit, il n'y a pas de Souveraineté concédée par la divinité à certains hommes prédestinés par elle, et il n'y a pas, sur la terre, d'autre droit que le droit individuel possédé par chacun de nous; mais néanmoins, si le droit souverain n'est plus d'origine divine, il existe cependant, puisque nous en constatons toujours l'existence, a-t-on continué à dire faussement.

« En quoi peut-il bien consister, et d'où peut-il provenir? »

Et on en a conclu que la Souveraineté réside dans le peuple, dans la collectivité des citoyens, sans songer que c'est vouloir avec une somme de quantités finies, et en nombre fini, arriver à un total infini, car c'est bien un droit infini que celui qui est au-dessus des lois.

Mais si chaque citoyen détient une parcelle de Souveraineté, comme il ne peut l'exercer lui-même, qu'en fait-il?

Autrement dit, si le peuple est souverain, ce qui n'est déjà pas bien clair, la Souveraineté est-elle toujours gardée par lui, ou la cède-t-il complètement, ou la délègue-t-il? et à qui fait-il valablement cette cession, ou cette délégation? à un homme, à une assemblée? Et de quelle manière, par quel contrat? Et d'ailleurs qu'entend-on par Souveraineté déléguée?

Autant de questions non résolues.

Ce qui surnage seulement du chaos des opinions émises sur ces points, c'est l'idée, ou plutôt l'hypothèse, d'un vague contrat bilatéral, *do ut des*, par lequel les citoyens aliènent certains de leurs droits entre les mains de leurs gouvernants, à charge par ces derniers de protéger les citoyens et de leur rendre certains services.

Ce sont sans doute ces droits aliénés par les particuliers qui, formant faisceau dans les mains des gouvernants, prennent le nom pompeux de Souveraineté.

Cette explication du contrat social est, croyons-nous, fausse de tout point.

Nous pensons qu'il n'existe pas de droit souverain, pas plus chez un peuple, ou chez une assemblée, que chez un roi[1].

Et nous l'allons démontrer bien simplement, en partant de la formule de la quatrième période de la civilisation, formule exacte dont on a, selon nous, tiré de fausses conséquences.

Il n'y a, dit cette formule, que des droits individuels, limités par le Fatum, dont l'existence séparée a été reconnue, dès la deuxième période, comme appartenant à la divinité.

Tous les hommes sont égaux devant le Fa-

1. Après la superstition du droit divin des rois, a dit Herbert Spencer, nous avons celle du droit divin des Parlements.

tum, qui borne de la même manière leurs droits à tous.

Quelles sont ces bornes que le Fatum impose au droit, à la liberté humaine, ces deux mots de droit et de liberté étant d'ailleurs ici absolument synonymes, il est à peine besoin de le faire remarquer?

Ces bornes n'existent pas, tout d'abord, dans le domaine de la perception interne, de la conscience ; la liberté du bien et du mal, du juste et de l'injuste, n'a chez l'homme aucune limite, puisqu'elle peut aller jusqu'au martyre, qui est l'infini de la volonté humaine.

Mais il n'en est pas de même dans le domaine de la perception externe, des sens, où au contraire notre liberté se trouve limitée et comme enserrée de toutes parts par les diverses formes du Fatum, c'est-à-dire :

1° Soit par les lois naturelles ; l'homme ne peut soulever avec ses forces un poids infini, ni vivre une existence immortelle;

2° Soit par l'activité libre des autres hommes ; il ne peut empêcher une bande de pillards de le voler et de le maltraiter;

3° Soit par l'activité libre[1] des êtres non humains; il ne peut, par ses propres moyens, se défendre contre l'attaque d'un lion.

Mais si des limites à notre liberté existent dans le domaine de la perception externe, elles sont reculables.

Nous pouvons soulever un poids plus grand en nous aidant de machines, et nous guérir de certaines maladies, prolonger ainsi notre existence en usant de médecine; nous pouvons également nous défendre avec des lois contre les pillards et avec des armes contre les lions.

Voilà donc comment il faut considérer le libre arbitre humain :

Une liberté infinie dans le domaine de la conscience; finie, mais extensible, dans le domaine des sens.

1. Bien que ce ne soit pas le lieu de s'étendre sur ce point, faisons observer en passant que le libre arbitre existe parfaitement chez les animaux, tout au moins chez les espèces facilement observables. Le lion qui vous attaque pourrait ne pas vous attaquer. Appelez un chien par son nom; il s'arrêtera, vous regardera un moment; puis, suivant le cas, se *déterminera*, après réflexion, soit à venir vers vous, soit à continuer son chemin. N'est-ce pas là du libre arbitre, par définition même?

Bien des gens dénient le libre arbitre ou en exagèrent au contraire l'importance, pour n'avoir pas fait cette distinction, qui donne la solution vraie entre le déterminisme absolu et le libertarisme intransigeant.

L'homme étant ainsi fait, une des premières idées qui doit se présenter à son esprit est la suivante :

Abandonner une partie de ce qu'il a de trop pour acquérir ce qui lui manque ; renoncer à l'exercice de certaines libertés dans le domaine du juste et de l'injuste, de l'altruisme et de l'égoïsme, pour augmenter sa liberté dans le domaine des perceptions externes, c'est-à-dire sa jouissance.

Cette idée chez un seul homme ne fonderait pas la société ; mais elle est tellement naturelle qu'elle vient à beaucoup à la fois. La société se trouve ainsi fondée ; telle en est l'origine :

Un groupe d'hommes renonçant à une partie de leur droit d'égoïsme absolu, infini, et consentant à s'entr'aider pour se procurer des avantages matériels.

Mais, de cette limitation volontaire de leur

liberté dans le domaine de la conscience, s'ensuit-il que cette liberté, que ce droit soit transféré, soit aliéné par eux en faveur des gouvernants?

Ah! s'il y avait, comme on l'a cru pendant les trois premières périodes de la civilisation (voir pages 6 à 8), certains hommes ayant des droits souverains, c'est-à-dire mieux traités par la divinité que le commun des mortels, mieux armés contre le Fatum dans le domaine de la perception externe (et ce ne pourrait être que dans ce domaine-là, puisque dans celui de la conscience la liberté de tous les hommes est infinie), on comprendrait que les hommes aliénassent entre les mains de ces privilégiés cet excédent de droits moraux dont ils entendent se servir de monnaie pour acheter du Fatum le recul de la limite extensible de leurs droits matériels.

Ce serait un troc qui pourrait leur être profitable; ce serait vraiment un marché ou un contrat, *do ut des*, dans lequel il y aurait échange d'apports.

Mais aujourd'hui qu'on admet que ces privilégiés n'existent pas, et que tous les hommes ont des droits égaux devant le Fatum, il faut reconnaître qu'un pareil contrat serait, de la part des citoyens, un marché de dupes.

Supposez une tribu d'Indiens, possédant des pelleteries en abondance, mais n'ayant pas de fusils, et désirant s'en procurer ainsi que des munitions pour remplacer leurs arcs et leurs flèches.

Que penseriez-vous si, dans cette intention, ils allaient trouver un des leurs, ne possédant pas plus qu'eux-mêmes le moindre fusil, et lui tenaient ce langage :

« Nous avons l'intention d'échanger des pelleteries contre des fusils, et, dans ce but, nous venons vous *donner* les dites pelleteries, à vous qui n'avez pas de fusil??? »

Mystère et illogisme !

Pas plus illogique pourtant que la cession de certains droits, consentie par les citoyens en faveur des gouvernants, dans le prétendu contrat social.

Ce n'est pas ainsi que procéderont les Indiens.

« Nous savons par expérience, diront-ils, qu'avec des pelleteries on peut se procurer des fusils et des munitions chez les hommes blancs. Que chacun de nous renonce donc à se servir, pour son usage particulier, des pelleteries qu'il a en trop, et qui seront réservées pour acheter des fusils aux hommes blancs. »

Puis ils remettent cette réserve, une fois constituée, à l'un d'entre eux, choisi probe et habile, qu'ils chargent d'aller faire la négociation auprès des hommes blancs.

Ce stock de pelleteries n'est pas *donné* par eux à leur émissaire; loin de là, il a au contraire pour premier devoir de ne pas se l'approprier, en tout ou en partie, et, en plus de ce devoir négatif, il a pour devoirs positifs d'empêcher que ces pelleteries ne deviennent la proie des maraudeurs, et de les échanger contre les fusils des hommes blancs, au mieux des intérêts de la tribu.

De même que ces Indiens, les hommes se disent :

« Nous savons par expérience que si chacun de nous renonce à une partie de son droit d'égoïsme (les pelleteries), nous pourrons obtenir du Fatum (les hommes blancs) une extension de notre bonheur matériel (les fusils). »

Ils confient donc cet excédent de droit à un ou plusieurs d'entre eux, avec le devoir pour ces élus, qu'on doit choisir probes et habiles, de ne pas y porter atteinte eux-mêmes, d'empêcher qu'aucune atteinte n'y soit portée par des malveillants, et enfin de conduire au mieux la négociation avec le Fatum, c'est-à-dire d'obtenir pour les citoyens la plus grande somme possible d'avantages matériels, en échange des droits à l'exercice desquels ils ont renoncé.

Mais, pas plus à l'élu des citoyens qu'à l'émissaire des Indiens, il n'est possible d'admettre qu'on *donne* le dépôt qui leur est confié, et qui reste la propriété des mandants.

Ce n'est pas un contrat ni un marché qui est passé entre citoyens et gouvernants, et qui lierait les deux parties; c'est un simple mandat, qui ne lie que le mandataire.

Si les citoyens prennent certains engagements en se constituant en société, ils les prennent vis-à-vis d'eux-mêmes, ou, si l'on veut, vis-à-vis du Fatum, qui est seul plus puissant qu'eux et qu'ils ont seul intérêt à se concilier, mais nullement vis-à-vis de leurs gouvernants.

En obéissant aux lois, c'est encore à leur propre volonté qu'ils obéissent, et nul, autre que le Fatum, n'a le droit de les commander.

Cette discussion peut, nous le confessons, paraître un peu subtile, et on peut nous demander à première vue si nous ne jouons pas avec les mots, et s'il y a une importance véritable à insister sur la différence entre le contrat social et le mandat social.

Nous répondrons que l'importance de cette distinction est extrême, à cause de l'importance du corollaire qui en résulte et qui est le suivant :

Les gouvernants n'ont aucun droit sur les citoyens, mais seulement des devoirs envers eux.

Ils n'ont aucun droit, puisque les citoyens, qui seuls en tiennent de la divinité, et qui seuls par conséquent pourraient en conférer aux gouvernants en aliénant une partie des leurs, n'ont pas fait cette aliénation, n'ayant pas consenti un contrat, qui serait absurde et illusoire.

Par contre, les gouvernants ont envers les citoyens les devoirs indiqués par le mandat, devoirs qu'ils ont acceptés en se chargeant dudit mandat.

Une conséquence de cela est que les lois doivent être *impératives* pour les gouvernants et fonctionnaires, et *prohibitives* ou *restrictives* pour les citoyens.

Tout ce qui n'est pas explicitement ordonné aux fonctionnaires leur est défendu.

Tout ce qui n'est pas explicitement défendu aux citoyens leur est permis.

On ne peut donner aux fonctionnaires que des ordres, puisqu'ils n'ont que des devoirs.

Aux citoyens, on ne peut que restreindre leurs droits naturels, en réglementant l'abandon de la partie de ces droits qu'ils ont consenti eux-mêmes, et nullement leur en conférer de nouveaux.

Il est monstrueux d'édicter une loi disant : « Telle chose est permise aux citoyens », car il semble que c'est le législateur qui leur octroie cette liberté, ce qu'il ne peut faire, n'en possédant aucune lui-même : *nemo dat quod non habet.*

Il est illicite d'édicter une loi ordonnant aux citoyens de faire telle chose en telle circonstance.

Les citoyens, en toute circonstance, peuvent faire ce qu'ils veulent, à la seule condition d'éviter de faire les choses explicitement défendues.

Le type de la loi impérative pour les citoyens est le bonnet de Gessler qu'il fallait saluer; toutes les lois impératives pour les citoyens, sous quelque masque qu'elles se dissimulent, sont aussi tyranniques que l'édit de Gessler.

CHAPITRE II

DE LA NATION

Nous avons reconnu dans le chapitre précédent que le critérium que nous recherchons ne peut être dégagé de l'idée de Souveraineté, car cette idée ne correspond à aucune réalité.

Ce n'est même pas une idée, mais simplement un mot, inutile parce qu'il ne signifie rien, et dangereux parce qu'en croyant qu'il signifie quelque chose, on en arrive à des erreurs sociologiques préjudiciables à l'humanité.

Le mot de Souveraineté est à rayer purement et simplement de la langue.

Écartant complètement cette idée ou ce mot, nous avons exposé le mécanisme réel de la mise en société d'un groupe d'hommes.

2

Ce groupe d'hommes, plus ou moins étendu, s'appelle une cité ou une Nation.

A l'inverse de la Souveraineté qui n'existe pas, la Nation est une entité qui existe certainement.

Son existence est-elle rationnelle et durera-t-elle toujours? Ce sont là des points que nous examinerons plus loin; mais enfin ce groupement sous forme de cité ou de Nation a existé depuis le commencement de la période historique jusqu'à nos jours, et nous allons l'étudier, pour tâcher d'en tirer tous les renseignements que cette étude comporte.

Qu'est-ce qui constitue essentiellement une Nation? A quoi reconnaît-on qu'un certain groupe d'êtres humains forment ou ne forment pas une Nation?

— Est-ce la coexistence sous un gouvernement commun, ayant pu amener une certaine conformité dans les mœurs de ce groupe d'êtres humains?

Non, car les monarchies disparates de l'antiquité orientale, par exemple, n'ont jamais constitué des nations, non plus que la monarchie espagnole du XVIe siècle, ni la monarchie austro-hongroise de nos jours.

— Est-ce la communauté d'origine?

Non plus, car les Gallois et les Bretons, de même race, ne forment pas une même Nation; les Latins d'Italie, de France et d'Espagne pas davantage.

— Est-ce la communauté de langue?

Mais l'Angleterre et l'Irlande, bien que parlant la même langue, ne constituent nullement une même Nation, malgré que ces deux pays fassent partie d'un même *Empire*, ce qui est bien différent, ainsi que nous le verrons plus loin (page 216).

Au contraire, la Suisse est une Nation, bien que ses populations parlent des langues différentes.

— Est-ce enfin la communauté d'intérêts?

Pas davantage, du moins en ce qui concerne les intérêts matériels, objectifs.

Si Jeanne d'Arc n'était jamais apparue, il paraît hors de doute que la fusion des Anglais et des Français se fût faite à la longue sous un même sceptre, comme s'est faite celle des Anglo-

Saxons et des Normands de Guillaume le Conquérant.

Il est infiniment probable que cette fusion eût été profitable surtout aux Français, au point de vue de leurs intérêts matériels.

Eh bien, malgré cela, la mémoire de Jeanne d'Arc est l'objet en France d'un culte impérissable; les Français aiment mieux être demeurés une Nation distincte que d'avoir fait partie d'une Nation plus puissante et plus heureuse [1] au cours des siècles qui se sont écoulés depuis cette époque, ce qui est un exemple entre mille, de combien pèse peu l'intérêt matériel vis-à-vis du sentiment national.

— Serait-ce alors, par exemple, la communauté de religion qui constituerait la Nation? Les exemples abondent du contraire.

— Religion, mœurs, intérêts, langue, origine, tous ces éléments ne sont certes pas exclusifs de la Nationalité, mais ils n'en sont pas

1. Plus puissante; le fait est évident à priori, puisque les deux nations n'en eussent formé qu'une; plus heureuse certainement aussi, car la grande majorité des calamités qui ont éprouvé la France lui sont venues en tout temps précisément de ses rapports et de ses démêlés avec l'Angleterre.

non plus constitutifs ; ils en sont l'effet plutôt que la cause.

Des populations annexées par force peuvent certainement à la longue arriver à faire vraiment partie d'une nouvelle Nation, surtout si leurs intérêts les y poussent ; mais elles n'en font partie que lorsque ces intérêts, d'*objectifs* sont devenus *subjectifs,* lorsqu'elles se *sentent* concitoyennes, lorsqu'elles *veulent* l'être.

L'unité de *volonté,* voilà, on est unanime à le reconnaître aujourd'hui, ce qui constitue la Nation.

De même que la volonté est l'essence de l'entité individuelle, du *moi* humain, elle est l'essence du *moi* national.

Et c'est pour cela que nous voyons les États-Unis d'Amérique, vraie bigarrure ethnique au point de vue des religions, des langues et des origines, et ne réalisant même pas la condition d'une longue cohabitation de ses divers éléments, former pourtant une véritable Nation, de par la toute-puissance d'une volonté commune, qui constitue à elle seule l'unité nationale.

Cet acte de volonté, cette *volition* constitutive de la Nation qui peut avoir lieu en l'absence de tout intérêt objectif, et qui se fonde sur des intérêts subjectifs, imaginaires si l'on veut, est donc essentiellement une volition *sentimentale* et non une volition *rationnelle*.

On est d'une Nation parce qu'on sent qu'on en est, sans plus, et cela en l'absence de toute raison, et même malgré toute raison.

Gambetta, né de parents italiens, fut aussi Français que possible, et nul ne fut plus Allemand que le Danois de Moltke.

— Quelle est donc cette volition, commune à tous les citoyens d'une même Nation, qui fait la Nation et qui les en constitue citoyens?

Mais tout simplement la volition primordiale qu'exprime chaque être humain individuellement, la volition-mère de toutes les volitions secondaires, la volition d'*être heureux* autant que possible.

La volonté d'être heureux, c'est en cela que consiste tout l'être psychique de l'homme.

« Nous voulons être heureux, nous tous, les concitoyens, fût-ce aux dépens des autres hommes. »

Voilà comment se module, pour former une Nation, la volonté individuelle qu'a chacun de ses citoyens, comme tous les hommes, d'être heureux autant que possible; voilà proprement les termes de ce que nous pouvons appeler la *volition-base* de la Nation.

Cette volition est la seule assez répandue parmi les humains pour qu'on puisse s'y appuyer pour fonder quelque chose dans l'ordre social; aucune autre volition, que celle ayant trait au bonheur, ne réunirait une majorité suffisante; celle-là seule, dans son vague, et précisément à cause de son vague, est capable de réunir l'unanimité.

Si l'on entre dans le détail, si l'on recherche les moyens d'être heureux, il n'y a déjà plus unanimité; les partis politiques apparaissent.

La recherche des moyens d'être heureux divise les citoyens; seul le désir de l'être, et de l'être ensemble, et de l'être fût-ce aux dépens des autres hommes, les unit et les forme en une commune Nation.

On voit par là que le terme si fréquemment employé de volonté nationale, l'est le plus souvent à tort, quand on l'applique à des volitions secondaires, qui ne sont que le fait d'une majorité variable d'un moment à l'autre, et susceptible de devenir la minorité.

Il ne faut jamais dire : « La volonté nationale demande ceci, puis cela, puis telle autre chose », car la volonté nationale n'en demande jamais qu'une, celle qui est exprimée par la volition-base énoncée plus haut.

L'expression : « Un tel, par la volonté nationale, Roi ou Empereur », est également impropre; car ce ne peut être la volonté nationale que Pierre, Paul ou Jacques occupe telle ou telle dignité; la volonté nationale demande seulement que la Nation soit gouvernée par des hommes qui la rendent heureuse.

— Mais, dira-t-on, si le désir d'être heureux, qui existe dans tout être humain, est légitime en soi, en est-il de même de l'exclusivisme qui consiste à ne vouloir partager son bonheur qu'avec une fraction de l'humanité, les compatriotes?

L'ostracisme dont on frappe les autres hommes est-il admissible?

En un mot, la volition-base de la Nation n'est-elle pas immorale?

Évidemment, en exprimant cette volition, l'homme ne fait pas de son libre arbitre un usage absolument moral; mais enfin tel est bien en réalité l'usage qu'il en fait, et il s'en faut d'ailleurs que cette volition soit absolument immorale.

Toute la loi morale est condensée dans le précepte :

« Ne faites pas aux autres ce que vous ne voudriez pas qu'on vous fît. »
ou, plus explicitement, dans l'adage latin :

« *Neminem læde; imo omnes, quantum potes, juva.* »

1re partie : *Neminem læde : ne lèse personne :* code des devoirs de *Justice.*

2e partie : *Imo omnes, quantum potes, juva :* bien plus, autant que possible, fais plaisir à tous : code des devoirs de *Charité.*

Le fondement de la morale est la *Pitié* ou *Altruisme.*

Il n'y a pas lieu de s'étendre ici sur ces points; nous renvoyons pour cela à Schopenhauer[1], qui a démontré excellemment cette conclusion, déduite de l'élimination successive de tous les autres fondements possibles et proposables.

La lecture du présent ouvrage montrera en passant, dans tous les cas traités, la superposition exacte de la morale et de l'altruisme; le lecteur, rentrant en lui-même, pourra facilement constater cette même superposition dans tous les cas concevables, et conclure par conséquent à l'entière identité de la morale et de l'altruisme.

Qu'est-ce que cet altruisme, générateur de la pitié, génératrice elle-même des actes moraux?

L'opposé de l'égoïsme.

Que sont au juste l'altruisme et l'égoïsme?

Ce sont les deux tendances rivales, coexistantes dans chaque individu, qui constituent les mobiles primordiaux de toutes les résolutions humaines.

1. La découverte du vrai fondement de la morale suffit seule à placer Schopenhauer au premier rang des philosophes, quelque opinion qu'on puisse avoir de l'ensemble de ses doctrines.

C'est le principe du bien et celui du mal, l'Ormuzd et l'Ahriman de la mythologie orientale.

Si les hommes étaient absolument égoïstes, la seule volition à laquelle chacun aboutirait serait :

« Je veux être heureux, moi seul, fût-ce aux dépens de tous les autres hommes. »

C'est la volition totalement immorale, le refus complet d'obtempérer à aucune partie de la loi morale énoncée ci-dessus.

Il n'est possible d'édifier sur cette base aucun organisme social.

Si les hommes étaient absolument altruistes. leur expression serait :

« Je veux que tous les hommes soient heureux, fût-ce à mes propres dépens. »

Cette dernière formule est celle de la doctrine évangélique :

« Aimez votre prochain comme vous-mêmes » (le prochain signifiant tous les hommes).

« Si l'on vous frappe sur la joue droite, tendez la joue gauche, » etc...

C'est la volition intégralement morale, l'acceptation du devoir, non seulement de justice, mais aussi de charité, dans toute son ampleur.

Un peu en deçà, tout au moins en apparence, se place la volition acceptant seulement le devoir de justice, mais étendu également à toute l'humanité :

« Je veux que tous les hommes soient heureux. »

Ceci est la formule des écoles internationalistes modernes : la société universelle fondée sur la justice.

Nous disons que la distinction entre cette dernière formule et celle de l'Évangile n'est qu'apparente.

En effet, les désirs des hommes sont *infinis*, tandis que la somme de jouissance qui peut leur être impartie sur la terre est forcément *finie*.

La volition la plus altruiste ne peut donc aller jusqu'à souhaiter le plein bonheur, le bonheur *infini* à tous les hommes, vu l'impossibilité manifeste de réaliser ce vœu ; elle ne peut que souhaiter une répartition égale, équitable, entre tous les hommes, de la somme de bonheur qui peut exister sur la terre.

Et ceci ne peut être obtenu que si justement chacun met en quelque sorte ses propres désirs à la ration, c'est-à-dire ajoute, à sa volition altruiste, le correctif :

« Fût-ce à mes propres dépens, dans une certaine mesure. »

Non complétée ainsi, la proposition :

« Je veux que tous les hommes soient heureux, » n'a aucun sens.

Il faut toujours entendre cette proposition avec le correctif, au moins implicite, « fût-ce à mes propres dépens », c'est-à-dire que la volition internationaliste moderne est, au fond, identique quant aux termes à la volition évangélique, où ce correctif est exprimé explicitement.

Ces deux volitions ne diffèrent que dans le détail des moyens d'exécution, dans le genre de bonheur qui convient à l'humanité, mais elles s'accordent en ce qui concerne le vœu lui-même du bonheur étendu à tous les hommes, c'est-à-dire que l'une et l'autre demandent non plus la société nationale, mais la société universelle, fondée sur la morale, c'est-à-dire sur la justice et sur la charité.

Et l'une ne va d'ailleurs pas sans l'autre, car la justice et la charité sont loin d'être des sentiments distincts, comme s'imaginent ceux qui veulent s'appuyer sur un d'eux sans faire entrer l'autre en ligne de compte.

Ce sont deux formes, d'un seul et unique sentiment, la pitié, autrement dit l'altruisme[1], et ces deux formes sont toujours coexistantes.

Sans altruisme, il n'y a ni justice ni charité. Avec une certaine dose d'altruisme, il y a toujours une dose à la fois de l'une et de l'autre.

Si l'altruisme était à dose totale chez les hommes, c'est-à-dire non mélangé d'égoïsme, la société, fondée sur la justice et la charité, serait universelle et non nationale.

Mais l'altruisme pur, non plus d'ailleurs que l'égoïsme pur, ne se rencontrent pas chez tous les hommes, ni même chez la majorité, ni même chez une minorité appréciable.

Peut-être même n'y a-t-il pas un seul humain

1. Voir encore Schopenhauer, *Du Fondement de la morale*.

totalement égoïste ou totalement altruiste; s'il y en a quelques-uns, leur cas est du domaine de la Tératologie.

Ceci dit, bien entendu, sans mettre en doute la sincérité de bien des hommes, et des meilleurs, qui se croient de très bonne foi, *par moments,* dépourvus de tout égoïsme et prêts à tout faire pour le bonheur égal de tous, fût-ce aux dépens du leur propre.

Mais que ces hommes fassent leur examen de conscience et nous disent si, *toute leur vie,* ils se sont rigoureusement conformés en pratique à ces maximes enthousiastes.

Encore une fois, si quelques-uns peuvent soutenir victorieusement cet examen, ils sont bien rares, infiniment trop pour qu'on puisse tirer de leur exemple une déduction générale.

Vouloir fonder l'organisme social sur l'égoïsme pur ou l'altruisme pur, ce serait proprement imiter une compagnie de chemins de fer qui se fonderait, avec un gros capital, en vue du transport exclusif des culs-de-jatte, et dont toutes les voitures, dans ce but, auraient $0^{m},70$ de hauteur environ.

Il faut prendre les hommes tels qu'ils sont, c'est-à-dire mélangés d'égoïsme et d'altruisme, ni anges ni bêtes, comme a dit Pascal, et reconnaître qu'une volition comme celle qui sert de base à la Nation est justement l'expression de cette composition de l'âme humaine.

Rêver la société établie sur une formule totalement morale, ou totalement immorale, c'est une utopie

Une formule mixte, moyennement morale, dans laquelle on admet le partage du bonheur avec un certain groupe d'individus, c'est là tout l'étiage de moralité qu'on peut demander à la majorité des hommes.

— Il y a lieu d'insister sur ce point, car la possibilité de fonder un état social sur la justice absolue a été de tous temps une des plus fréquentes, et d'ailleurs des plus respectables chimères.

C'est à cette chimère qu'on est entraîné souvent par l'observation, et la réprobation, de l'égoïsme monstrueux de quelques-uns.

Telle a été la pente qu'a suivie, après bien d'autres, un illustre écrivain, aujourd'hui entré dans la postérité, M. Émile Zola, qui, de son vivant, a été très vanté et très décrié, mal décrié, d'ailleurs, et mal vanté le plus souvent, en somme un très haut écrivain, à qui bien peu peuvent être comparés, dans tous les temps.

Éparses dans la plupart des œuvres de M. Zola ; précisées et concrétées surtout dans ses romans de *Paris* et de *Travail*, se trouvent des doctrines dont voici la filiation :

1° Il y a des gens qui ont un égoïsme monstrueux. . . .	Ce qui est exact.
2° Ces gens ont tort.	— exact.
3° Il serait à souhaiter qu'on eût moins d'égoïsme . . .	— exact.
4° Et même pas d'égoïsme du tout	— exact.
5° Il est possible de n'avoir pas d'égoïsme du tout. . .	Ce qui est faux.
6° Il est possible que l'universalité ou tout au moins la majorité des hommes n'aient pas d'égoïsme du tout, ce qui permettra de fonder la société *juste* intégralement	Ce qui est encore plus faux.

Et pourtant, nous répétons que cet écrivain est d'un talent exceptionnel, mais, comme beaucoup de littérateurs, c'est un sensitif, un imaginatif, et non un intellectuel.

Et les deux qualités s'excluent, puisque l'imagination est la faculté de se représenter ce qui n'est pas, tandis que l'intelligence est la faculté de se représenter ce qui est.

Loin de nous la pensée d'abaisser à un rang inférieur les sensitifs; c'est peut-être parmi eux que se rencontrent les plus grands hommes de l'histoire humaine; mais il ne faut pas leur demander de s'occuper de politique; il y a beaucoup de vrai dans la boutade de Platon bannissant les poètes de sa République, tout en les couronnant de roses.

— L'âme humaine, on le sait, se compose de trois facultés : la sensibilité, l'intelligence et la volonté.

Il y a donc trois sortes de grands hommes :

1° Les grands volontaires, comme Napoléon;

2° Les grands intellectuels, comme Képler, Newton;

3° Les grands sensitifs, comme le fondateur de la religion chrétienne, c'est-à-dire pour les non-chrétiens Jésus-Christ, et pour les chrétiens, aux yeux de qui Jésus-Christ est Dieu, saint Pierre, fondateur, après Jésus-Christ, du christianisme.

En recommandant plus haut de ne pas trop laisser les sensitifs ou sentimentaux[1] s'occuper de gouvernement, nous n'avons pas voulu prétendre que les gouvernants ne doivent pas s'inquiéter du bonheur sentimental du peuple; une telle assertion de notre part serait absurde, car la sentimentalité entre pour une part peut-être plus considérable que la matérialité dans le bonheur humain.

Nous voulons dire simplement que ce bonheur, même sentimental, sera mieux assuré par des gouvernants intellectuels que par des gouvernants sentimentaux eux-mêmes, quelque contradictoire que cela paraisse au premier abord

Un sentimental est particulièrement inapte en effet à comprendre et à tolérer les senti-

1. Nous confondons volontiers les termes de sensitif et de sentimental, car nous avouons ne pas attacher grande importance à la distinction entre les faits physiologiques et les faits psychologiques, dans l'ordre de la sensibilité.

ments des autres, s'ils sont différents des siens; les crimes dits passionnels ont pour cause l'intolérance sentimentale et sont commis le plus souvent par des sentimentaux, des affectifs, de ces gens dont on dit vulgairement qu'ils ne seraient pas capables de tuer une mouche.

Des trois catégories de grands hommes énumérées plus haut, nous ne faisons aucune difficulté d'avouer que les intellectuels doivent venir en dernière ligne dans la classification; ils peuvent être de grands esprits, mais ils sont moins grands, humainement parlant, que les volontaires et surtout les sentimentaux, car ces derniers ont une action plus grande sur les masses, et ce n'est que par l'action sur les masses que se dessinent les grands faits de l'histoire humaine, comme la fondation d'une religion ou d'une nationalité.

Mais il faut bien se persuader qu'il n'est nullement besoin de grands hommes pour gouverner, en temps normal, une nation existante, le gouvernement se réduisant à cet unique office, simple en somme, l'observation de la volition nationale, qui est préexistante aux gouvernants, et c'est pourquoi nous persistons à dire que les intellectuels sont particulièrement désignés pour remplir les fonctions gouvernementales.

— Les champions de la possibilité du règne de la justice pure par la disparition de l'égoïsme nous opposent un argument qui paraît spécieux tout d'abord.

« En admettant, disent-ils, que ce règne soit encore impossible à l'heure actuelle, il deviendra réalisable un jour.

« L'homme est parti de l'état sauvage et de l'état d'isolement, a passé successivement par le régime de la famille, puis de la tribu, puis de la cité, pour arriver enfin au régime de la nation moderne.

« Chacun de ces pas en avant marque une nouvelle extension de l'altruisme ; en continuant ainsi, il arrivera enfin à l'état d'altruisme pur, permettant de fonder, dans l'humanité entière, la société de justice universelle, qui marquera la dernière étape de la longue course vers le mieux qui a été parcourue depuis la barbarie primitive, où régnait l'égoïsme pur. »

A cela nous répondrons d'abord que rien ne prouve que, même aux premiers âges de barbarie, l'homme ait jamais vécu à l'état d'égoïsme pur et d'isolement complet.

Il y a lieu de supposer au contraire que l'homme le plus primitif a toujours connu les liens de la famille, au moins pendant certaines époques de sa vie, puisque ces liens passagers ne sont pas étrangers aux animaux mêmes.

Or la famille, c'est l'égoïsme de l'espèce, si l'on veut, mais ce n'est déjà plus l'égoïsme de l'individu.

Cette réserve faite, nous admettons parfaitement que l'humanité parcourt une course vers le mieux, mais nous dirons, pour parler le langage de la géométrie, que cette trajectoire est *asymptotique* au bien absolu, et non pas *tangente*[1].

Il y aura peut-être une proportion d'al-

1. L'asymptote est une ligne droite dont une courbe se rapproche indéfiniment, sans arriver à la toucher jamais.

La tangente est une ligne droite dont une courbe se rapproche jusqu'à la toucher.

truisme croissante, mais il y aura toujours de l'égoïsme mêlé.

Et cela parce que le mélange d'altruisme et d'égoïsme, c'est la liberté humaine elle-même.

Si, par une sélection et une culture savante, on pouvait arriver, après des générations, à avoir des hommes absolument altruistes, se décidant, dans chaque cas particulier, toujours d'après des raisons altruistes, c'est que l'homme ne serait pas libre.

C'est bien ce que prétendent les déterministes, qui dénient tout libre arbitre humain.

En admettant leur doctrine, on peut remarquer en passant qu'elle permettrait également la réussite d'une culture en sens inverse, la culture vers l'égoïsme absolu, qui serait même peut-être plus facile.

Quant à nous, résolument libertaires, nous admettons le libre arbitre humain, avec, bien entendu, les réserves indiquées plus haut (pages 15 à 16) relativement aux limites que lui impose le Fatum.

Si d'ailleurs nous avions tort, et si les déterministes étaient dans le vrai, il n'y aurait plus, à proprement parler, de science sociologique et les ouvrages dans le genre du présent n'auraient aucune raison d'être.

En effet, sans libre arbitre, les hommes n'auraient aucun droit.

Jus est facultas agendi, le droit est la faculté d'*agir,* d'*exécuter* quelque chose, dit la vieille définition scolastique.

La liberté, de son côté, est la faculté de *décider* entre plusieurs partis à prendre. On ne peut rien exécuter si l'on n'a rien décidé.

C'est-à-dire :

Pas de droit sans liberté.

Si les hommes n'avaient pas de droit, l'arbitraire absolu serait licite dans la raison d'État, et la science du gouvernement se réduirait à ce seul précepte adressé aux gouvernants :

« Exploitez vos sujets au mieux de vos intérêts, en tâchant seulement de ne pas vous faire assassiner par eux un de ces quatre matins. »

Absolument comme on dit à un propriétaire rural :

« Faites ce qui vous semblera bon pour tirer

le plus de revenus possible de vos champs et de vos bois; tâchez seulement, en abattant vos arbres, de ne pas vous faire écraser par eux. »

La sociologie se confondrait, non pas même avec la zootechnie, car les animaux ont un certain libre arbitre, mais avec la phytotechnie, l'agriculture.

C'est bien ainsi qu'on raisonnait pendant les deux premières périodes de la civilisation (pages 6 à 7) où l'on déniait tout droit individuel aux hommes, mais il n'est plus permis de continuer ces errements, puisque la reconnaissance de ce droit, la défaite par conséquent du déterminisme, est aujourd'hui un progrès accompli.

Nous croyons avoir, par tout ce qui précède, rigoureusement démontré que la seule volition assez répandue parmi les hommes pour pouvoir servir de base à un organisme social ne peut être qu'une volition moyennement morale, moyennement altruiste, par laquelle chacun admet, non pas l'humanité entière, mais un certain groupe d'hommes au partage de son bonheur ; une volition telle, par exemple, que la volition-base de la Nation :

« Nous voulons être heureux, nous tous, les compatriotes, fût-ce aux dépens des autres hommes. »

Mais, parmi ces volitions acceptables sociologiquement parlant parce que moyennement morales, n'y a-t-il pas des volitions autres que celle de la Nation, des volitions où l'on s'associe un groupe d'hommes autres que les compatriotes?

Il y en a certainement, et l'histoire de l'humanité montre qu'on peut les ranger en deux groupes :

1° Les volitions collectives *religieuses* ou *confessionnelles* :

« Nous voulons être heureux, nous tous, les coreligionnaires, fût-ce aux dépens des autres hommes. »

2° Les volitions collectives de *classes* ou *professionnelles* :

« Nous voulons être heureux, nous tous, les coprofessionnels, fût-ce aux dépens des autres hommes. »

Ces autres volitions collectives qui, elles, sont internationales, ont-elles pu ou pourront-elles prévaloir contre la volition nationale, et la remplacer comme base d'une organisation sociale?

C'est ce que nous allons examiner brièvement.

Volitions collectives religieuses. — Il y a à distinguer, au point de vue qui nous occupe, deux sortes de religions : celles qui sont animées de l'esprit de prosélytisme et celles qui en sont dénuées.

Le type des premières est la religion chrétienne.

Parmi les secondes, on peut citer la religion hébraïque et la religion chinoise.

Les Hébreux étaient le peuple de Dieu; les Chinois sont les Fils du Ciel, les Célestes.

Leur Dieu, bien loin de demander à être connu et adoré des autres hommes, défend jalousement à son peuple de révéler ses mystères, dérobés par un triple tabernacle aux regards des Philistins et des Barbares.

Ainsi devaient être toutes les religions à la fin de la première période de la civilisation, (page 6) au moment où chaque divinité venait à peine de cesser de gouverner directement chaque peuple.

Ces religions-là, bien évidemment, ne battent pas en brèche l'idée nationale; au contraire, elles s'y surajoutent et lui donnent une nouvelle force; Dieu et la Nation ne font qu'un en quelque sorte.

Quant aux religions animées de prosélytisme, il est évident, par contre, qu'elles atténuent dans une certaine mesure l'idée-mère de la Nation; elles s'en retranchent, au lieu de s'y ajouter, comme celles du groupe précédent.

Néanmoins l'histoire nous démontre que l'idée nationale n'a jamais été annihilée de ce fait; même aux époques de plus grande ferveur religieuse, ce qui restait de l'idée nationale a toujours été suffisant pour que la société demeurât fondée sur elle; le moyen âge n'a pas vu aboutir les efforts combinés des Papes et des Empereurs germaniques pour ériger l'Europe en un unique Empire chrétien.

Comme, d'autre part, il n'est pas à supposer que la vivacité de l'idée religieuse dépasse jamais dans l'avenir ce qu'elle a été dans le passé, nous pouvons en conclure que la Nation ne disparaîtra jamais du fait de l'idée religieuse.

Volitions collectives professionnelles. — A l'inverse des précédentes, il est à prévoir que ces volitions n'ont pas encore atteint leur intensité maxima, et, de ce qu'elles n'ont jamais, dans le passé, sérieusement battu en brèche l'existence de la Nation comme unité sociale, il ne faudrait pas en conclure qu'il en sera toujours ainsi à l'avenir.

Mais nous avons, pour arriver quand même à cette conclusion, des prémisses sinon historiques, du moins rationnelles.

Ces volitions collectives professionnelles sont fondées directement sur la communauté des intérêts matériels; elles sont proférées par des hommes qui raisonnent; ce sont des volitions altruistes si l'on veut, mais des volitions altruistes intellectuelles, au lieu que la volition nationale, nous l'avons vu plus haut (page 30), est d'origine sentimentale.

Et c'est ce qui fait sa force, car on ne pourra

jamais rien fonder que sur les masses, et les masses sont sentimentales, en dépit des exceptions intellectuelles.

L'homme est parti de la société purement familiale, parce qu'il éprouve un sentiment naturel d'affection pour sa famille; puis ce sentiment s'est étendu à ses voisins, et la société est devenue successivement la tribu, la cité, puis la Nation.

Cette dernière s'élargira encore certainement, mais toujours de *proche en proche*, comme s'étend l'affection.

Le progrès faisant qu'on se connaîtra et qu'on se sentira proche à dix mille lieues de distance, il pourra arriver également qu'on se sentira compatriotes à dix mille lieues de distance.

Ce n'est pas que la dose d'altruisme de chaque homme puisse devenir beaucoup plus forte; cela, nous ne le croyons pas, à cause du libre arbitre humain (page 47); mais, à dose égale d'altruisme, la volition-base de la Nation sera plus compréhensive, du fait du progrès scientifique.

Et c'est la vraie raison pour laquelle le progrès est bon.

Le sociologue qui veut dégager des principes et des préceptes, l'homme d'État qui doit les appliquer doivent bien se garder de faire de la sociologie et de la politique sentimentales, mais ils doivent reconnaître que le peuple, lui, se laisse guider surtout par le sentiment[1].

Il n'associe à sa volition altruiste que ceux qu'il aime, et il n'aime que ceux qu'il connaît, qui l'entourent.

C'est pourquoi il n'est pas à supposer que les volitions universelles, professionnelles ou de classes, se substituent jamais, comme base de l'organisme social, à la volition nationale locale.

Et cela ne serait pas à souhaiter non plus, car, sous un pareil état de choses, la sociologie deviendrait totalement inextricable.

Supposons un moment qu'il n'y ait plus dans le monde de nations formant des États séparés,

1. Les peuples ont un cœur et pas d'yeux; ils sentent et ne voient pas; les gouvernements doivent voir et ne jamais se déterminer par le sentiment (H. de Balzac).

locaux, mais que chaque État soit formé par l'universalité des hommes exerçant chaque profession.

Supposons encore que, dans ces circonstances, un charcutier et un ramoneur se prennent de querelle à Paris, par exemple.

Qui jugera leur différend?

Ce ne seront pas les autorités de Paris, puisqu'il n'y aura plus d'autorités locales.

Il faudra qu'ils en réfèrent, chacun de leur côté, au Manitou de leur État respectif.

Les Manitous de ces deux États ne résideront probablement pas au même endroit, car qui aurait pu forcer les États différents à siéger au même endroit? Personne.

Ils auront donc choisi chacun la résidence qui lui convenait le mieux; le Manitou des charcutiers se trouvera, par exemple, à Chicago, où on élève beaucoup de porcs, et celui des ramoneurs à Londres, où il y a beaucoup de fumée.

Cela ne leur sera pas très commode de s'entendre.

Et s'ils ne s'entendent pas, nul ne pourra

les départager, car il n'y aura pas de Manitou général, commun et supérieur à tous les États professionnels, pas plus qu'il ne peut y avoir de Manitou commandant à toutes les Nations, puisque les volitions collectives humaines ne peuvent jamais atteindre l'ensemble de l'humanité, à cause de l'égoïsme inhérent au cœur humain.

Alors, s'il n'y a pas d'arbitrage possible, ou du moins imposé, ce sera la guerre.

Dans le monde entier, les charcutiers et les ramoneurs, au lieu de s'occuper de leur métier, s'emploieront de leur mieux à se houspiller en toute rencontre.

Leurs clients ne seront pas satisfaits.

A qui se plaindront-ils?

Comme ils sont eux-mêmes de professions très diverses, ils seront forcés de se plaindre chacun aux autorités de leur métier respectif, qui résideront Dieu sait où, et si ces autorités ne s'entendent pas entre elles, voilà une guerre universelle déchaînée.

Ce qui précède suffit pour démontrer que la substitution des volitions collectives de classes ou professionnelles à la volition nationale pour former le fondement de l'organisation sociale, n'est ni supposable d'après ses causes possibles, ni admissible d'après ses effets certains.

Nous sommes arrivés plus haut à la même conclusion en ce qui concerne les volitions collectives religieuses.

Nous devons en conclure définitivement que l'organisation de la société sur la base nationale, étant entendue l'extensibilité de l'unité de Nation, est, non seulement la seule existante jusqu'à ce jour, mais la seule possible.

Nous ne voulons pas dire pour cela qu'on doive se désintéresser des volitions professionnelles et religieuses; bien au contraire, nous verrons plus loin qu'un gouvernement doit veiller, sous peine de tyrannie, à ce que les citoyens de toutes les classes, de toutes les professions, de toutes les religions soient également heureux; mais, seul, un gouvernement national peut arriver à ce résultat.

C'est donc de la société nationale que nous

nous occuperons exclusivement dans les chapitres qui suivent, certains de rester ainsi quand même dans l'absolue généralité de notre sujet.

CHAPITRE III

DE L'ÉTAT

D'après ce que nous avons vu, une Nation est donc une réunion d'êtres humains se disant :

« Nous voulons être heureux nous tous, concitoyens, fût-ce aux dépens des autres hommes. »

Ces êtres humains choisissent des gens supposés capables de connaître et d'exécuter ce qui est nécessaire pour aboutir à ce résultat.

Ces gens, ayant accepté, deviennent le gouvernement, les fonctionnaires.

L'État, c'est, si l'on veut, la Nation considérée comme composée de fonctionnaires et de citoyens.

Les gouvernants et fonctionnaires ont-ils des droits? Pas le moindre, ainsi que nous l'avons démontré au chapitre Ier en étudiant la genèse de leur existence

Ont-ils des devoirs? Un seul : se conformer en tout à la volition-base de la Nation, puisqu'ils n'ont d'autre raison d'être que l'accomplissement de cette volition, dans la mesure du possible.

Et voilà le critérium de la raison d'État qui nous apparaît bien simplement, sans la moindre immixtion de la nébuleuse idée de Souveraineté.

Tout ce qui est en conformité avec la volition nationale, les gouvernants ont, non pas le droit, puisqu'ils n'ont aucun droit, mais le devoir de le faire; c'est de la raison d'État licite.

Tout ce qui va à l'encontre de cette volition, c'est de la raison d'État illicite, c'est-à-dire de la *tyrannie*.

Le mot tyrannie est pris ici, comme il le sera toujours au cours du présent ouvrage, dans son sens vulgaire, signifiant *mesusage* ou *abus* du pouvoir, et non pas dans le sens de son étymologie grecque, visant l'origine, l'usurpation du pouvoir.

Nous reconnaissons d'ailleurs que le mot *pouvoir* est lui-même impropre, car il tend à laisser supposer qu'il y a des choses que le gouvernement *peut* simplement faire, sans y être *tenu*, ce qui est faux, ainsi que cela a été reconnu au chapitre 1er.

Tout ce qui n'est pas explicitement ordonné aux gouvernants et fonctionnaires, avons-nous vu, leur est défendu.

Le terme *devoir* serait certainement plus exact que *pouvoir*.

Néanmoins nous emploierons parfois ce dernier mot, dans son sens vulgaire, pour la clarté du sujet.

Si nous voulons examiner plus en détail en quoi consiste la tyrannie, nous n'avons qu'à analyser la volition-base de la Nation.

Cette volition comprend trois propositions :

1° Nous voulons être heureux;

2° Nous tous (les concitoyens);

3° Fût-ce aux dépens des autres hommes.

A chacune de ces propositions correspond un genre particulier de tyrannie.

1er genre. — La tyrannie qui enfreint la première proposition (nous voulons être heureux) a lieu lorsque les gouvernants ne s'occupent pas du bonheur des citoyens.

Les gouvernants, dans ce cas, *mesusent* complètement du pouvoir.

Cette tyrannie du premier *genre,* qui frappe tous les citoyens, peut s'appeler tyrannie *totale* ou par *négation* de la volition nationale.

C'est évidemment la plus facile à reconnaître, et pour cela point n'est besoin souvent de posséder un critérium de la raison d'État; mais il n'en est pas de même des tyrannies du deuxième et du troisième *genre,* tyrannies *partielles* par *abus* du pouvoir, lesquelles empruntent souvent des masques fallacieux, que seul notre critérium nous permettra de détacher.

2e genre. — La tyrannie du deuxième genre, qui enfreint la seconde proposition (nous tous, les concitoyens), pourrait s'appeler tyrannie par *défaut,* parce qu'elle reste *en deçà* de la compréhensivité de la volition nationale.

Elle a lieu lorsque le gouvernement s'occupe du bonheur d'une partie seulement des citoyens, soit exclusivement, soit plus que des autres, et néglige le reste de la Nation.

Par exemple lorsqu'on favorise, ou lorsqu'on exclut, une caste ou un parti.

Une des formes fréquentes de cette tyrannie est l'excès du fonctionnarisme.

Les fonctionnaires sont, en somme, des gens qui sont dispensés de la lutte pour la vie; ils sont donc, en principe, favorisés par rapport au reste des citoyens.

Quand ils sont en nombre normal, et que leur entretien constitue par conséquent une dépense nécessaire, il n'y a rien à dire, car le peuple entend bien que ceux qu'il charge de réaliser sa volition nationale aient le temps et les moyens de se consacrer à cette tâche; de même que les Indiens dont il a été question au chapitre 1er n'enverront certainement pas leur émissaire chez les hommes blancs sans une provision de pemmican et de poisson séché suffisante pour la route et la durée des négociations.

Mais si l'on crée des fonctionnaires en dehors des nécessités gouvernementales, tous ceux qui sont en surnombre sont favorisés abusivement par rapport à l'ensemble de la population, ce qui constitue bien évidemment une tyrannie du deuxième genre.

Remarquons d'ailleurs que l'excès du fonctionnarisme peut même, à la limite, dégénérer en tyrannie du premier genre, ou tyrannie totale.

Supposons qu'une Nation renferme 1 % de fonctionnaires; cela veut dire que 99 citoyens se cotisent pour entretenir, avec le produit de leur travail, un fonctionnaire en vue de la gestion de leurs affaires communes; on peut supposer que la quote-part que chacun d'eux verse dans ce but, sous forme d'impôt, n'est pas exagérée et ne les gêne nullement.

Mais admettons maintenant qu'au lieu de 1 %, il y ait par exemple 10 % de fonctionnaires; il faudra alors que 9 citoyens subviennent à l'entretien d'un fonctionnaire; l'impôt à prélever dans ce but sera, non plus de $\frac{1}{99}$ du produit du travail de chaque citoyen, mais de $\frac{1}{9}$ de ce produit, c'est-à-dire 11 fois plus fort; il pourra, cette fois-ci, les gêner considérablement; tout le monde souffrira; le pays ne sera pas heureux, et c'est précisément ce qui constitue une tyrannie du premier genre, par négation de la volition nationale.

Ajoutons encore que si, comme il arrive parfois, les fonctionnaires, non contents d'être favorisés abusivement, se croient et s'arrogent des droits sur les citoyens, alors qu'ils n'en possèdent aucun, c'est en quelque sorte de la tyrannie à la deuxième puissance, de la *surtyrannie.*

3e genre. — Enfin, si l'on va à l'encontre de la troisième proposition (fût-ce aux dépens des autres hommes), on a ce qu'on pourrait appeler la tyrannie *par excès,* parce qu'elle va *au delà* de la compréhensivité de la volition nationale, en englobant dans la sollicitude du gouvernement d'autres hommes que les citoyens de la Nation.

Tel est le cas, par exemple, du gouvernement qui, sans y être absolument forcé, signe un traité désavantageux pour la Nation, ou bien qui entraîne celle-ci dans une guerre qui ne l'intéresse pas, et dont d'autres doivent retirer le profit.

Et cela, quelle que soit l'issue de cette guerre, du fait même de l'avoir entreprise.

On peut faire remarquer à ce sujet qu'une annexion violente est toujours un acte de tyrannie, non seulement envers la population annexée, ce qui est bien évident, mais encore envers la Nation annexante.

Voilà une Nation, en effet, dont les citoyens, de par leur volition-base, veulent être heureux ensemble, fût-ce aux dépens des autres hommes, et vous venez justement leur annexer d'autres hommes qui jouiront des mêmes avantages qu'eux et seront au même degré l'objet de votre sollicitude, à vous, gouvernement.

C'est là, au premier chef, un acte de tyrannie du troisième genre, tyrannie par excès envers vos propres nationaux.

La méthode générale d'application de notre critérium est des plus simples et ressort de la brève analyse qui précède.

Pour juger un acte gouvernemental quelconque, il suffit de le passer au crible des trois propositions renfermées dans la volition-base de la Nation, et il apparaîtra si cet acte est tyrannique ou licite, selon qu'une ou plusieurs de ces propositions seront ou non violées.

Nous disons tyrannique ou licite ; nous ne disons pas injuste ou juste, immoral ou moral ; de tels étalons ne s'appliquent pas à la mesure d'un acte gouvernemental.

Le gouvernement ne peut se prévaloir de la morale dans l'accomplissement de son mandat, les termes de ce mandat lui-même n'étant pas complètement moraux, comme nous l'avons vu au chapitre II.

Développer l'altruisme de chaque citoyen, de façon à augmenter sa moralité, c'est l'affaire des prêtres, des philosophes, des éducateurs. S'ils réussissent dans leur tâche, les générations futures, meilleures, placeront le bonheur qui fait l'objet de leur volition dans un idéal lui-même amélioré, et ce sera alors au gouvernement futur à tenir compte de cette amélioration.

Mais le gouvernement existant, au moment où il a à accomplir chacun de ses actes, n'a à s'occuper que de l'idéal de bonheur, tel qu'il résulte du plus ou moins de moralité de la génération elle-même existante; il n'est là que pour cela; il peut le regretter, mais il doit, sur le moment, s'y conformer, quitte à porter latéralement ses efforts sur l'amélioration de l'éducation, qui devra fructifier dans les générations suivantes. (Voir plus loin le chapitre vii, « l'État éducateur ».)

Entendons-nous; nous ne voulons pas prétendre que le gouvernement doive adopter pour idéal celui de la partie la moins éclairée et la plus abjecte de la Nation; ce serait de la tyrannie du deuxième genre, et de la pire, mais seulement qu'il doit prendre le mot bonheur, exprimé dans la volition nationale, au sens qu'y attachent les idées généralement admises dans son temps et dans son pays.

Un chef cannibale, qui convie ses sujets à un festin composé de la chair de ses prisonniers de guerre, ne commet certes pas un acte juste ni moral, mais ce n'est pas non plus un acte tyrannique, car les festins de chair humaine font partie de l'idéal de félicité de ses sujets, même les plus éclairés.

Mais, par contre, s'il les forçait à venir tous audit festin en habit, col empesé et chapeau haut de forme, cette prétention, bien que nullement contraire à la morale, pourrait bel et bien être considérée comme tyrannique si ses sujets se trouvaient plus à l'aise, simplement vêtus de leurs tatouages.

L'application de notre critérium ne donnera pas toujours une solution immédiatement évidente pour les esprits non habitués à ces sortes d'études, mais pourtant il y a bien des cas, réputés obscurs, que cette application éclaire d'une façon absolue.

Prenons pour exemple la question de l'alcoolisme.

Quel est, vis-à-vis de l'envahissement d'une Nation par l'intoxication alcoolique, le devoir du gouvernement?

On reconnaît bien en général que l'alcoolisme est un mal; mais, dit-on, y toucher, c'est porter atteinte à la liberté humaine; de plus, c'est enlever au budget des ressources indispensables, etc., etc.

Et puis, quand l'alcoolisme existe dans un pays, il arrive forcément que, parmi les gouvernants et fonctionnaires, quelques-uns ne sont pas ennemis de l'alcool en ce qui les concerne personnellement, et alors ils n'*osent* pas réprimer chez le peuple une pratique à laquelle ils sacrifient eux-mêmes.

Ceci est une grave erreur; chez les gouvernants l'hypocrisie est parfois un pis-aller nécessaire.

Certes, il vaut encore mieux qu'ils donnent le bon exemple, mais, des deux maux, le moindre consiste encore à édicter de bonnes lois, même si on les observe incomplètement soi-même, plutôt qu'à en édicter de mauvaises qui portent préjudice à l'ensemble du pays.

Bref, pour toutes ces raisons et d'autres encore, la question de l'alcoolisme reste insolutionnée dans bien des pays.

Les gouvernements ne savent pas reconnaître où est leur devoir; ils pèchent sur ce point, non par mauvais vouloir, mais par ignorance.

Eh bien, qu'ils appliquent méthodiquement notre critérium.

L'alcoolisme entraîne, c'est prouvé, la maladie, la misère, la folie, toutes choses qui sont évidemment contraires au bonheur.

Le tolérer, c'est donc commettre une tyrannie du deuxième genre, par défaut (page 64) envers les alcooliques eux-mêmes.

Il entraîne également une forte augmentation de la criminalité, et, à ce point de vue, c'est encore une tyrannie par défaut envers les individus victimes de cette criminalité.

Enfin il conduit, dans la suite des générations, à un abâtardissement de la race entière, et, à cet autre point de vue, c'est une tyrannie du premier genre, tyrannie totale par négation de la volition-base (page 64) parce qu'une Nation tout entière abâtardie, physiquement et moralement, n'est pas heureuse et que son existence même est mise en péril.

Donc il n'y a pas de doute; le gouvernement, pour respecter la volition-base de la Nation, a le devoir absolu de réprimer l'alcoolisme.

Le tolérer, c'est de la tyrannie.

Au contraire, toute mesure contre l'alcoolisme, si elle est efficace, ne sera jamais une tyrannie.

Sur cette question, la réponse est très claire; il y en a évidemment un grand nombre où le devoir des gouvernants est tracé d'une façon moins lumineuse.

Que faire alors? — Consulter les citoyens par voie d'élections, plébiscite ou referendum?

Cela peut se faire, certes, à la grande rigueur, mais il ne faut pas en abuser.

Rappelons-nous ce qui a été dit (page 32) sur l'erreur qui consiste à prendre pour volonté nationale toutes les volitions secondaires et de détail, basées d'ailleurs le plus souvent sur le sentiment, qui sont le fait de majorités très instables ou même de réelles minorités.

Dans un cas difficile, les gouvernants doivent savoir mieux que le peuple ce qu'il y a à faire; on les a choisis pour cela, justement parce qu'on leur attribuait une capacité supérieure à la moyenne des citoyens.

Et ceci nous amène à relever une erreur de J.-J. Rousseau qui, sur bien des points de sociologic, a serré la vérité de fort près, mais qui pourtant s'est laissé aller à dire, autant que nous nous en souvenons :

« Le peuple n'a pas besoin de princes, mais de commis. »

Ce qui ferait croire que le peuple *sait* ce qu'il faut faire pour le gouverner et ne charge les gouvernants que d'une besogne matérielle, sans initiative, comme fait un patron pour ses commis.

C'est l'inverse qui a lieu; le peuple *ne sait pas* ce qu'il faut faire[1], et, comme gouvernants, il a réellement besoin de choisir des princes (*princeps*, premier, homme supérieur).

D'ailleurs un gouvernement qui consulte ses nationaux ressemble à un médecin qui demanderait à son malade :

« Quel remède pensez-vous que je doive vous ordonner?

— Parbleu, c'est à vous de le savoir, répondra très justement le malade, je vous ai supposé ca-

1. Il y a une évidente contradiction entre les premiers mouvements des masses et l'action du pouvoir qui doit en déterminer la force et l'unité (H. de Balzac).

pable de me guérir, c'est pour cela que je vous ai appelé; si vous n'en êtes pas capable, je m'adresserai à un autre médecin, et tout sera dit. »

C'est, mot pour mot, ce que pourraient répondre les citoyens, et leur sanction est la même que celle exercée par le malade sur le médecin; changer les gouvernants si ceux qu'on avait supposés capables d'exaucer la volition nationale ne se montrent pas à la hauteur de leur mission.

Et cette sanction existe bien plus réellement qu'on ne serait tenté de le croire au premier abord en considérant la rareté relative des révolutions dans l'histoire, nous entendons des révolutions apparentes.

De ce que certaines modifications d'un État sont lentes et insensibles; il ne faut pas en conclure en effet qu'elles n'ont pas lieu, inéluctablement, sous la pression de l'opinion nationale; et c'est de là que vient cet axiome : les peuples ont le gouvernement qu'ils méritent.

Ces évolutions lentes sous la poussée de l'opinion constituent une première sanction du droit de la Nation à changer son gouvernement; elles sont évidemment licites, sous la réserve déjà exprimée que cette poussée provienne bien de la vraie volonté nationale, et non pas d'une simple apparence de cette volonté.

L'évolution qui, au moyen âge en France, a amené l'affranchissement des communes a été licite et bienfaisante ; elle a contribué au bonheur des citoyens; elle était donc conforme à la vraie volition nationale qui, nous l'avons vu, est unique et ne peut viser que le bonheur des citoyens.

Ç'a été le contraire pour le bannissement des protestants sous Louis XIV, qui a été illicite et néfaste.

Pourtant l'opinion de la majorité demandait ce bannissement; mais ce n'en était pas moins une fausse volition nationale, car elle ne visait pas le bonheur des citoyens; il n'importe nullement en effet à ce bonheur qu'une partie des citoyens professent ou non un culte différent.

En plus des évolutions progressives, il y a encore, comme sanction du droit de la nation, les révolutions brusques, soit pacifiques, soit même violentes.

Elles sont licites ou non, absolument comme les évolutions, suivant qu'elles sont ou non conformes à la volition nationale, c'est-à-dire suivant que le gouvernement renversé était ou n'était pas tyrannique.

Il est plus difficile que pour les évolutions d'appuyer ce principe par des exemples historiques, l'histoire étant trop sobre de documents sur les causes des révolutions anciennes, et trop embarrassée de documents sentimentaux, c'est-à-dire partiaux, sur celles des révolutions modernes.

En disant les causes, nous entendons les vraies causes, les causes premières, car il y a aussi les causes occasionnelles, par exemple l'ambition du ou des promoteurs de la révolution.

Cette dernière cause, évidemment, ne manque jamais, mais elle n'est jamais non plus suffisante pour expliquer la réussite de la révolution.

S'imaginer qu'il y a des hommes capables d'exécuter de toute pièce une révolution, de s'emparer du pouvoir par leur seule volonté, sans l'aide d'aucune raison extérieure; croire aux hommes providentiels, en un mot, c'est encore une forme, à peine atténuée, de la croyance au droit divin, qui admet l'existence d'hommes mieux armés contre le Fatum que le commun de l'humanité.

Pour qu'une révolution, pour qu'un coup d'État aboutissent, il faut nécessairement qu'ils soient demandés au moins implicitement par la Nation, à tort ou à raison.

Quand vous lirez dans l'histoire, par exemple, une anecdote comme celle-ci :

« Psammitique avait formé le projet de devenir roi d'Égypte... etc...

« Un oracle ayant annoncé que la royauté d'Égypte appartiendrait à celui qui boirait dans une coupe d'airain, etc. »

Vous pouvez être assuré que, quels que fussent les projets formés par Psammitique en son for intérieur, quelle que fût la confiance des Égyptiens dans les oracles (généralement fabriqués après coup d'ailleurs), ce prétendant ne serait pas arrivé à ses fins s'il n'avait exploité quelque aspiration, quelque volition, vraiment ou fausse ment nationale, des Égyptiens de son temps, et dont la connaissance n'est pas parvenue jusqu'à nous.

Quand les Anglais n'ont décidément plus voulu de la royauté des Stuarts, est-ce que jamais ceux-ci ont pu remonter sur le trône d'Angleterre, malgré tout le désir qu'ils pouvaient en avoir, et malgré l'appui même de Louis XIV, le plus puissant monarque de son temps ?

En ce qui concerne les révolutions brusques, il y a bien des réserves à faire.

D'abord, par leur brusquerie même, elles risquent plus que les évolutions progressives d'être illicites, c'est-à-dire d'être le fait d'une majorité exprimant une volition temporaire, autre que la volition nationale, ou même d'une minorité ; dans ce dernier cas, loin que la révolution soit licite, le gouvernement qu'elle impose est coupable de tyrannie par défaut (page 65) envers le reste de la Nation.

D'ailleurs, même si elle est légitime, c'est-à-dire si elle vient à la suite d'une tyrannie réelle, une révolution peut, quand elle est violente, causer, par suite des ruines inévitables qu'elle accumule, plus de dommage au bonheur de la Nation que n'en causait le gouvernement renversé.

Enfin, le grand défaut, le défaut capital des révolutions, c'est-à-dire des changements de gouvernement par la force, c'est que, quand elles sont faites à tort, elles déroutent les gouvernements suivants.

L'évolution, même injustifiée, ne produit pas cet effet de désorientation, parce qu'en somme, elle est pour un gouvernement un avertissement, et non une punition.

Mais la révolution!

Quand elle s'est produite mal à propos, le gouvernement nouveau qu'elle a installé ne peut que se dire :

« On a renversé mon prédécesseur, bien qu'il ne se fût rendu coupable d'aucune tyrannie ; il ne me reste qu'une chose à faire; essayer de la tyrannie, et peut-être ainsi ne me renversera-t-on pas. »

Et, en fait, une révolution injustifiée est presque inévitablement suivie de tyrannie, ni plus ni moins que dans la fable des « grenouilles qui demandent un roi ».

Pour toutes ces raisons, l'évolution est en général préférable à la révolution, bien que toutes deux soient d'une égale légitimité pour sanctionner la non-observation par les gouvernements de la volition nationale que tout gouvernement a pour devoir, et pour devoir unique, de respecter.

« Mais, alors, dira-t-on, si l'application du critérium laisse parfois place au doute sur la résolution à prendre; si la consultation nationale est un moyen aléatoire et peu recommandable de sortir de ce doute; si d'autre part la sanction qui consiste dans le changement de gouvernement est légitime et réelle, c'est donc un métier bien difficile et bien dangereux que celui d'homme d'État! »

Évidemment; c'est dans toute l'acception du terme un périlleux honneur, comme manque rarement de le dire un nouvel élu en répondant au premier toast qu'on lui porte.

Métier difficile soit, mais non impossible, car il suffit, pour être capable de s'acquitter de cette tâche, de posséder les qualités requises, qui heureusement sont bien déterminées.

Ces qualités sont celles tout simplement que nos Indiens du chapitre 1er (page 20) ont reconnues nécessaires pour celui des leurs qu'ils chargent de leur négociation avec les hommes blancs, à savoir la probité et l'habileté.

Seulement, en temps et en pays civilisé, l'habileté se compose elle-même de deux facteurs : l'intelligence et l'instruction.

Un homme d'État doit donc posséder trois qualités indispensables :

1° Il doit être *intelligent,* bien évidemment, ce qui, nous l'avons vu (page 42), exclut l'excès de sensitisme, car on ne peut presque jamais être à la fois éminent dans la sensibilité et dans l'intelligence.

2° Il doit être *instruit,* car il a besoin de connaître les leçons de l'histoire, de l'économie, de la sociologie, etc., pour s'en inspirer au besoin.

Le gouvernement de la Révolution française à la fin du XVIIIe siècle, n'était certes pas inintelligent.

Les hommes qui le composaient avaient compris en quoi consiste réellement la société, notion qui était, sinon inconnue complètement, tout au moins oubliée et niée depuis fort longtemps.

La rédaction des Droits de l'Homme, en 1789, qui est comme le code de la quatrième période de la civilisation (page 10), était une preuve de cette exacte compréhension des choses.

De même la formule du serment d'alors, à la *Nation*, à la *Loi* et au *Roi*.

Le bonheur de la Nation est le but, la Loi le moyen, et le Roi l'instrument.

L'ordre même des termes du serment indique leurs degrés d'importance.

D'abord, la Nation, c'est-à-dire la libre volition qui la constitue, et qui est, infailliblement, le dogme du citoyen.

Ensuite, la Loi, qui en est l'expression écrite, le catéchisme, et qui est déjà moins infaillible, parce qu'elle est l'œuvre de quelques hommes, faillibles eux-mêmes, et peut contenir des dispositions fausses ou surannées.

Et enfin le Roi, c'est-à-dire le pontife, l'agent

chargé de l'application de la Loi, encore plus faillible, comme tout être pris individuellement.

Combien de citoyens de bonne volonté, et même de citoyens éminents, ont erré en maintes circonstances, et principalement pendant les guerres civiles, faute de posséder cette simple notion : la graduation de l'importance des devoirs civiques, mise en lumière par les hommes de la Révolution française.

Et leur devise :

Liberté, Égalité, Fraternité !

D'abord la Liberté, c'est-à-dire la charte de la quatrième période de la civilisation, la proclamation du droit individuel comme droit intégral et unique, en face duquel ne se dresse plus le droit souverain.

Puis l'Égalité, c'est-à-dire la justice, et la Fraternité, c'est-à-dire la charité, enfin reconnues comme deux sentiments, non pas opposés, ni même distincts, mais inséparables (page 38), et sans l'union desquels on ne peut rien fonder dans l'ordre social.

Et cela est vrai; et pourtant cela a été compris bien rarement; la plupart des doctrines religieuses, philosophiques ou politiques ont une propension à ne s'appuyer que sur un seul de ces deux sentiments, en faisant plus ou moins fi de l'autre.

Il serait facile de donner encore bien des exemples de la haute intelligence des hommes d'État de la Révolution française.

Pourquoi donc ces mêmes hommes ont-ils commis des erreurs grossières, comme l'émission exagérée des assignats, par exemple, le décret qui supprimait la ville de Lyon, etc.

C'est que, faute d'*instruction*, ils ont fait table rase de toutes les notions de l'histoire, de l'économie et de la sociologie.

Sans quoi l'économie leur eût appris que le crédit d'un débiteur n'est pas proportionnel à son unique volonté, ni à l'opinion qu'il se fait lui-même de ses propres ressources, mais bien à l'opinion que s'en font les autres.

L'histoire et la sociologie leur auraient enseigné que, quand une grande ville existe, c'est qu'elle est nécessaire *là où elle est*. Un décret ne peut pas plus la supprimer qu'un autre décret ne pourrait la créer sur un point où elle n'aurait aucune raison d'être.

3° Enfin l'homme d'État doit être *bienveillant* envers la volition nationale, c'est-à-dire avoir la bonne volonté de remplir son devoir, en se conformant à cette volition.

Quand il possède ces trois qualités : intelligence, pour *comprendre* le critérium du licite en fait de gouvernement ; instruction, pour *savoir* se conformer à ce critérium dans chaque cas particulier, et bienveillance, pour *vouloir* s'y conformer, un homme d'État est capable de remplir sa mission, quelque malaisée qu'elle soit et, pour lui, l'application de notre critérium ne laissera jamais place au doute.

Avant de reprendre ces points pour nous y étendre, comme ils le méritent, dans les chapitres suivants, nous pensons que c'est ici le lieu de déblayer notre terrain d'une objection qui a dû s'amasser peu à peu dans l'esprit du lecteur.

« Comment, dira-t-on, concilions-nous la raison d'État avec la liberté individuelle demeurée entière ? »

Cette conciliation est facile lorsqu'on admet le concept de la Souveraineté, car, pour les adeptes de cette école, l'individu, du fait d'être en société, ne conserve plus l'intégrité de ses droits, de sa liberté naturelle. Le pouvoir souverain a des droits supérieurs, qu'il les ait reçus de la divinité ou du peuple qui, dans ce dernier cas, a, par le pacte social, aliéné tout ou partie de ses droits entre les mains du souverain, monarque ou collectivité.

Rien de plus naturel alors que l'individu ne puisse plus se réclamer, contre la raison d'État, de ces droits aliénés.

— Mais il n'en est pas de même avec notre théorie, qui a rejeté au rang des superstitions l'idée de Souveraineté.

La conception saine de la genèse de ce qu'on nomme gouvernement, nous a amenés à reconnaître (page 22) que les gouvernants et fonctionnaires n'ont aucun droit, mais seulement des devoirs envers les citoyens qui, eux, conservent au contraire dans l'état de Nation l'intégralité de leurs droits individuels.

La conception de la raison d'État, telle qu'elle

dérive de cette genèse, nous a conduits, d'autre part, à armer les gouvernements de certains pouvoirs, et à affirmer même que ces pouvoirs se confondent avec des devoirs dans la région, souvent très étendue, qui est en deçà de ce que nous avons reconnu être de la tyrannie.

Comment, nous dira-t-on, concilier ces pouvoirs avec cette absence de droits, chez le gouvernement?

Comment admettre que les citoyens se soumettent à ces pouvoirs, tout en conservant la plénitude de leurs droits individuels?

— Reprenons, pour la clarté de notre explication, la comparaison du malade et du médecin citée plus haut, et qui, toute triviale qu'elle paraisse, est de tout point exacte en la situation.

De même, en effet, que ce qui constitue l'essence de l'entité nationale est une volition commune, la volonté d'être heureux nationalement, de même un malade est essentiellement une volition, celle de guérir.

Et c'est à dessein que nous employons cette tournure de phrase elliptique.

On peut dire : « un malade *a* la volonté de se lever, *a* la volonté de boire telle tisane au lieu de telle autre, etc., » car ce sont là des volitions secondaires; mais on doit dire :

« Un malade *est* une volonté de guérir, » comme on doit dire :

« Un homme *est* une volonté d'être heureux. »

« Une Nation *est* une volonté d'être heureuse. »

Le malade donc appelle un médecin supposé par lui capable d'exaucer la volition qu'il a, ou plutôt qu'il est, absolument comme la Nation fait de son gouvernement.

Cela constitue-t-il un *droit* du médecin sur le malade?

Nullement; le médecin n'a envers le malade qu'un *devoir*, celui de le guérir, si possible, tout comme le gouvernement n'a envers les citoyens qu'un devoir, celui de les rendre heureux.

La prétendue abdication des droits du citoyen, comme du malade, n'est dans les deux cas qu'une foi dans une *compétence* supérieure, amenant une obéissance volontaire, et pas du tout une reconnaissance d'un *droit* supérieur, qui amènerait une obéissance forcée.

Le malade accepte des ordonnances désagréables et des opérations douloureuses, qu'il a parfaitement le droit, la liberté de refuser. Pourquoi? parce que cette renonciation à certains de ses droits secondaires, comme ceux énumérés plus haut, *lui apparaît comme le seul moyen de ne pas renoncer à un droit qu'il considère comme supérieur, celui d'exercer librement sa volition essentielle*, *qui est de guérir*.

Et, textuellement, la même explication s'applique à la renonciation du citoyen, renonciation volontaire et non contrat, ce qui permet de changer de médecin et de gouvernement, alors qu'avec un contrat bilatéral on ne pourrait faire ce changement sans leur assentiment.

Après cela, nous savons bien qu'il y a exceptionnellement des malades qui préfèrent se laisser mourir plutôt que de prendre médecine, comme il y a des individus qui préfèrent sacrifier le bien commun de la société et le leur propre, plutôt que d'abandonner le plus insignifiant de leurs droits.

Mais ce sont d'infimes exceptions qui n'ont jamais prévalu et ne prévaudront jamais contre les règles, et c'est ce qui explique la pérennité des médecins et des gouvernements.

On ne doit pas s'étonner de nous voir insister sur le parallèle entre la médecine et la politique; c'est que, parmi les diverses manifestations de l'activité altruiste humaine, on en trouverait difficilement deux qui fussent plus comparables.

L'une et l'autre sont des *arts* en train de devenir des *sciences*.

Dans le passé, ce sont les artistes, c'est-à-dire les imaginatifs, les sentimentaux qui y ont excellé, et dans l'avenir elles sont appelées à passer de plus en plus aux mains des scientifiques, des intellectuels.

CHAPITRE IV

DIFFÉRENTES FORMES DE GOUVERNEMENT

Nous ne pouvons nous dispenser de dire quelques mots ici des différentes formes de gouvernement, par respect pour les usages, qui ont toujours attribué à cette question une importance capitale, alors que son importance est au contraire des plus minimes.

Cette erreur provient, comme presque toutes celles que nous avons rencontrées jusqu'à présent, de la persistance de cette malencontreuse idée de Souveraineté. En fait, c'est la Souveraineté que monarchistes et républicains se disputent, les uns l'attribuant à la royauté, les autres la réclamant pour le peuple; c'est la lutte pour la Souveraineté qui est une source sans fin de discussions acrimonieuses, et sans solution possible, puisqu'on ignore ce que signifie ce terme.

La passion, en ces matières, est même poussée à ce point d'aveuglement que l'on voit souvent des gens déclarer une même loi tyrannique ou non, suivant qu'elle a été édictée par un gouvernement qui leur est antipathique ou par celui qui a leur sympathie; exemple nouveau de l'absurdité à laquelle aboutit l'intrusion du sentiment dans la politique.

Il est bien clair pourtant que la valeur d'une loi est intrinsèque, objective, et que, quels qu'en soient les auteurs, la méthode pour juger cette loi est la même; il faut y appliquer le critérium déterminé plus haut, dont l'emploi est absolument général.

L'idée de Souveraineté écartée, nous pensons que toute acrimonie doit cesser dans l'examen de ces questions réputées brûlantes jusqu'ici.

Nous venons de voir au chapitre précédent que, pour avoir un bon gouvernement, il faut et il suffit que le ou les gouvernants soient :

1° Intelligents pour comprendre le critérium de ce qui est licite ou tyrannique;

2° Instruits pour savoir appliquer ce critérium dans les cas particuliers;

3° Bienveillants pour vouloir l'appliquer.

Or il est bien évident qu'aucune forme de gouvernement n'exclut forcément ces trois qualités, comme aucune non plus ne les commande absolument.

Si le gouvernant possède ces trois vertus, il gouvernera toujours bien;

S'il lui en manque une ou plusieurs, toujours mal.

S'il n'est pas intelligent, il fera probablement toujours les mêmes sottises, quel que soit le régime politique en vigueur.

De même s'il n'est pas instruit.

Si c'est la bienveillance qui lui manque, il fera également toujours de la mauvaise besogne, mais *pas de la même manière* sous les différents régimes politiques.

A ce dernier point de vue seulement, on peut dire que les formes de gouvernement présentent entre elles certaines différences, que nous allons étudier.

Nous n'avons jusqu'ici considéré les gouvernants que comme fonctionnaires, par opposition aux citoyens.

Mais, pour être fonctionnaires, ils n'en sont pas moins hommes, et, comme tels, ils possèdent les deux tendances rivales qui caractérisent l'âme humaine, l'égoïsme et l'altruisme.

S'ils n'ont pas une trop forte dose d'égoïsme, ils possèdent, comme hommes, cette qualité que nous nommons la bienveillance quand nous la considérons chez les gouvernants.

La bienveillance, c'est l'altruisme en excès sur l'égoïsme.

Si au contraire l'égoïsme est chez eux en excès, ils ne possèdent pas la bienveillance.

Pour voir donc en quoi diffèrent entre elles les diverses formes de gouvernement, nous n'avons qu'à examiner la modalité particulière que chacune d'elles tendra à faire prendre à l'égoïsme des gouvernants, si cette tendance est en excès chez eux.

On peut ranger les gouvernements en trois grandes classes :

1° La *Dictature élective*, ou gouvernement à pouvoirs[1] *très étendus*, mais *courts*.

Par exemple, certaines périodes de l'antiquité grecque, le césarisme de la fin de l'empire romain, la dictature de certains pays de l'Amérique du Sud contemporaine, etc.

2° La *Monarchie héréditaire*, ou gouvernement à pouvoirs *étendus* et *longs*.

3° La *République*, ou gouvernement à pouvoirs *restreints* et *courts*.

Si l'on voulait tenir compte de toutes les combinaisons et tous les modes (positif, comparatif et superlatif) des deux idées d'*étendue* et de *durée* du pouvoir, on devrait multiplier grandement le nombre de ces divisions.

Par exemple, entre la Monarchie absolue et la République, on aurait toute la gamme des Monarchies constitutionnelles qui participent de l'une ou de l'autre, suivant le cas.

De telles subdivisions, bien que non dénuées d'intérêt, sortiraient du cadre de la brève étude que nous exposons ici.

1. Le mot pouvoir étant pris ici dans le sens vulgaire (voir page 63).

Examinons d'abord les trois grandes classes retenues par nous au point de vue de leur origine, c'est-à-dire recherchons dans quel cas les nations adoptent chacune d'elles.

La volition-base de la Nation, par laquelle les concitoyens désirent être heureux, eux tous, fût-ce aux dépens des autres peuples, est toujours identique, dans tous les temps et dans tous les pays, mais les citoyens peuvent, en exprimant cette volition, être (ou se croire, ce qui revient au même) plus ou moins éloignés de son accomplissement.

Le but est toujours le même; ce qui diffère, suivant les moments et les pays, c'est la longueur et la difficulté du chemin que l'on a (ou que l'on croit avoir) à parcourir pour l'atteindre.

Nous avons vu que l'homme, en devenant citoyen, sans rien perdre de la plénitude de ses droits individuels, renonce pourtant, de son plein gré, à l'exercice de certains d'entre eux, parce que cette renonciation lui apparaît comme le seul moyen de ne pas renoncer à un droit qu'il considère comme supérieur, celui d'exercer librement sa volition essentielle, la volition d'être heureux.

Il est bien évident dès lors que, suivant qu'il se croira plus ou moins loin de l'accomplissement de cette volition, il renoncera à l'exercice d'un plus ou moins grand nombre de droits secondaires, de même que nos Indiens du chapitre Ier mettront de côté une plus grande quantité de pelleteries s'ils ont besoin à la fois de fusils et de munitions, que s'il ne leur manque que des munitions.

1° Si les citoyens se croient très loin du bonheur national, ils choisissent de préférence la première classe de gouvernements.

Ils nomment un dictateur avec ce qu'on appelle pleins pouvoirs; de plus, ils ne le rendent pas héréditaire, parce que, comme ils savent (ou croient) qu'il y a beaucoup à faire pour les rendre heureux, ils craignent que le premier dictateur choisi n'y réussisse pas, et veulent se ménager la possibilité de le changer facilement.

Le dictateur sait qu'on supportera tout d'abord beaucoup de choses de sa part, mais qu'il est en place pour peu de temps; ce sont les deux caractéristiques de sa situation.

Cette double considération l'amènera, si l'égoïsme est en excès chez lui, c'est-à-dire s'il manque de cette qualité que nous avons appelée la bienveillance chez les gouvernants, à négliger totalement d'accomplir la volition nationale, à savoir le bonheur des citoyens, pour ne ne s'occuper que de son bonheur propre, que sa situation le met à même d'acquérir facilement.

Par où l'on voit que, sous la Dictature élective, le jeu de l'égoïsme en excès, chez le gouvernant, conduit à la tyrannie du premier genre (page 64) à la tyrannie totale, par négation de la volition nationale.

2° Quand les citoyens se croient moyennement éloignés du bonheur national, ils choisissent la Monarchie héréditaire, la deuxième classe de gouvernements, celle qui est caractérisée par des pouvoirs étendus et longs.

Le monarque, même sous l'influence d'un excès d'égoïsme, est moins enclin que le dictateur à la tyrannie du premier genre, car il a le temps devant lui, et il fait entrer par conséquent dans son propre bonheur la considération de la *durée*, en même temps que celle de l'*intensité*, qui n'est plus exclusive, comme chez le dictateur[1].

Étant muni de pouvoirs étendus, il ne se croit pas grand intérêt à se concilier spécialement une classe ou un parti, et est par conséquent peu porté à la tyrannie du deuxième genre (page 65) ou tyrannie par défaut.

Mais, par contre, l'étendue de son pouvoir et surtout l'hérédité lui permettant les longs espoirs et les vastes pensées, il est amené facilement à considérer la Nation qui l'a choisi primitivement comme un simple pion sur l'échiquier de son ambition personnelle ou dynastique.

D'où la politique de guerres et de conquêtes qui constitue précisément la tyrannie du troisième genre (page 67) ou tyrannie par excès.

C'est donc cette tyrannie qui est la manifestation caractéristique de l'égoïsme en excès chez le gouvernant monarchique.

1. Même si le dictateur est élu à vie, les leçons de l'Histoire, en lui faisant craindre une terminaison prématurée de son pouvoir, le pressent d'en jouir hâtivement.

3° Enfin quand les citoyens se croient encore moins éloignés du bonheur national, et sont disposés par conséquent à renoncer à l'exercice d'une partie encore plus faible de leurs droits individuels, ils choisissent le gouvernement républicain.

Nous ne ferons pas de distinction entre la république aristocratique, démocratique, oligarchique, etc...; ces mots, plus ou moins détournés de leur sens étymologique, n'ont plus guère de signification, et n'ont jamais d'ailleurs constitué des différences bien importantes.

Nous nous contenterons, par opposition avec les deux premières classes de gouvernements, de définir la République en général comme suit :

C'est la forme de gouvernement où les gouvernants ont les pouvoirs *les plus* restreints et *les plus* courts, ces deux caractéristiques résultant de l'intention des citoyens d'abandonner *le moins* possible de leurs droits individuels.

Le gouvernant, en république, sait qu'on ne supportera pas beaucoup de lui ; l'excès d'égoïsme même ne peut donc pas lui permettre, comme le dictateur, de se livrer à la tyrannie du premier genre, par négation de la volition nationale.

Il sait qu'il est en place pour peu de temps; il sera donc peu enclin à une politique de guerres et de conquêtes, qui est une politique à long terme; donc, pas de propension non plus à la tyrannie du troisième genre, tyrannie par excès.

Mais de ce que son pouvoir, par nature, est restreint et court, il ne renoncera pas à l'étendre et à le prolonger dans la mesure du possible; c'est vers ce faible but, faute d'un plus important, que se dirigera l'excès d'égoïsme, s'il existe chez lui.

Or, quel moyen a-t-il pour étendre et prolonger son pouvoir?

Un seul : augmenter le nombre de ses partisans, se créer ce que les patriciens de Rome nommaient une clientèle, qu'il sera porté naturellement à favoriser aux dépens des autres citoyens, par exemple en leur donnant des emplois, ou des faveurs, ou des richesses.

D'où tendance à la tyrannie du deuxième

genre, tyrannie par défaut, et en particulier au fonctionnarisme.

En résumé, on voit que si les gouvernants manquent de la qualité dénommée par nous bienveillance, on peut conclure que :

La Dictature élective amènera plutôt la tyrannie du premier genre,

La République, celle du deuxième genre,

Et la Royauté héréditaire, celle du troisième genre.

Il n'est pas difficile de trouver dans l'Histoire des exemples d'interversion de ses règles; mais ils proviennent en général du défaut d'intelligence ou d'instruction, et non plus de bienveillance, chez les gouvernants; nous avons reconnu que, dans ces cas-là, on ne peut donner de règle, même approximative, et c'est précisément ce qui nous a amenés à conclure à la faible influence de la forme de gouvernement sur le bonheur du peuple.

Et puis d'ailleurs ces anomalies ont parfois une autre cause, qui est la suivante :

— Tous les gouvernements dont nous avons parlé jusqu'ici sont les gouvernements normaux, c'est-à-dire à origine nationale, dérivant régulièrement de la volition-base de la Nation.

Il y a également des gouvernements anormaux, c'est-à-dire non institués par les citoyens en vertu de la volition-base.

Ce sont les gouvernements *usurpés,* c'est-à-dire imposés par une minorité, jusques et y compris le cas limite où cette minorité est nulle (cas de la conquête violente étrangère).

Ces gouvernements, étant anormaux, échappent naturellement à toute méthode d'analyse; autant de cas particuliers, autant d'études à faire.

Ils ne nous intéressent d'ailleurs pas; la volition nationale ayant cessé de pouvoir s'exercer librement, c'est la mort de l'entité nationale dont elle est l'essence.

De même que, par définition, la science biologique s'arrête à la mort de l'être, la science sociologique s'arrête à la mort de la Nation.

Mais il y a aussi des gouvernements prétendûment anormaux, dont l'anomalie apparente provient le plus souvent d'une simple confusion de termes, d'une fausse étiquette historique.

Les gouvernements de la France, depuis 1792 jusqu'à 1815, offrent des exemples intéressants de cette dernière catégorie.

Prenons le gouvernement de la Convention nationale.

Il n'a pas exercé la tyrannie par défaut, (gouvernement pour ou contre une caste ou un parti). Si à cette époque les nobles ont émigré en grand nombre, c'est volontairement; habitués à une tyrannie par défaut en leur faveur, ils se sont retirés hors de la volition nationale, au moment précisément où elle est devenue vraiment nationale.

Les exemples ne manquent pas, à commencer par Philippe-Égalité, Talleyrand, Saint-Just, etc., de nobles ayant participé même au gouvernement de la Révolution, ce qui prouve qu'ils n'ont jamais été l'objet, en tant qu'anciens nobles, d'un ostracisme systématique, qui eût constitué de la tyrannie par défaut à leur encontre.

La Convention ne s'est pas non plus rendue coupable de tyrannie par excès (politique de guerres et de conquêtes). Les guerres de cette époque ont été purement défensives, et les annexions ont été spontanées de la part des populations annexées.

Mais, par contre, la Convention a exercé la tyrannie du premier genre, par négation de la volition-base, car la crainte de la proscription ou de la guillotine, suspendue sans cesse au-dessus de tous les citoyens indistinctement, est bien au premier chef la négation de l'idéal de bonheur évoqué par la volition-base de la Nation.

Le premier bonheur, c'est d'être assuré de vivre autant que le Fatum le permettra.

— Ce sont là les caractères des gouvernements de la première classe, dictature élective (page 100), et pourtant c'était la République, troisième classe.

Simple erreur d'étiquette; c'était bel et bien la Dictature élective, le gouvernement à pouvoirs très étendus et courts, et sa genèse avait été tout à fait normale, car il émanait d'une Nation qui était, ou se croyait, très éloignée du bonheur objet de sa volition-base, à preuve les Cahiers de Doléances des États de l'époque.

— Prenons maintenant le Consulat. Bonaparte, lui, ne s'est pas rendu coupable de tyrannie par négation de la volition nationale; son administration soigneuse, l'élaboration des Codes faite sous son impulsion assidue, etc., tout prouve sa sollicitude pour la Nation.

Il n'est pas suspect non plus de tyrannie par défaut; les hommes de tous les partis, de toutes les classes ont été mis sur le même rang et employés par lui, et même à un degré d'électisme exceptionnel.

Mais par contre il se montra enclin à la tyrannie par excès (politique de guerres et de conquêtes) qui est le signe distinctif de la royauté héréditaire, alors que l'origine de son pouvoir était la Dictature élective [1].

Simple malentendu; la Nation étant toujours (ou se croyant) très éloignée du bonheur, avait bien été en effet dans l'intention de recourir encore, en 1799 comme en 1792, à la Dictature élective.

1. Le 18 Brumaire eut bien pour cause occasionnelle l'ambition de Bonaparte, mais il n'eût pas été possible s'il n'y avait eu des causes profondes, sous-jacentes, qui faisaient désirer cette solution par la Nation (page 79). On peut donc bien dire que la Dictature de Bonaparte fut *choisie*, c'est-à-dire *élective*.

Mais Bonaparte, lui, dès le premier moment, s'est considéré comme monarque; toute son histoire en fait foi; c'est pourquoi son règne a manifesté le genre de tyrannie qui distingue la Monarchie, et cela à un degré aigu, comme il arrive sous ce régime quand l'égoïsme est fortement en excès chez le monarque.

D'ailleurs, par l'établissement de l'Empire, l'étiquette même devint bientôt d'accord avec le caractère réel du régime. Remarquons d'ailleurs que le passage du Consulat à l'Empire, c'est-à-dire de la Dictature à la Monarchie, fut parfaitement normal, car la nation, en 1804, était (ou se croyait) moins éloignée du bonheur qu'en 1799, ce qui est, comme nous l'avons vu (page 100), la condition de la genèse des monarchies.

— Les malentendus du genre de ceux que nous venons de rappeler ne sont pas très rares; ils sont souvent funestes, et les nations s'en désolent à bon droit; mais elles en tirent souvent une fausse conclusion.

« Eh quoi! gémissent les citoyens, nous voulions la république, et voilà que nous avons la royauté (ou *vice versa*); voilà pourquoi tout va mal! »

Pas le moins du monde, bonnes gens.

Si tout va mal, c'est que vous êtes tombés sur des gouvernants à qui manquent une ou plusieurs des trois qualités nécessaires et suffisantes énumérées plus haut.

Dans ces conditions, vos affaires doivent forcément aller mal.

Si vos gouvernants possédaient ces trois qualités, tout irait bien, quelle que soit la forme du gouvernement, république ou royauté.

Nous avons vu qu'une révolution est parfois légitime, mais nous avons entendu par là qu'il pouvait y avoir urgence à changer la *personne* des gouvernants. Il n'y a jamais urgence à changer la forme même du gouvernement, vu le peu d'influence de cette forme sur le bonheur du peuple.

« Les hommes ne sont rien, les principes sont tout! » entend-on souvent déclamer.

C'est l'inverse qui est exact :

Les hommes sont tout, en matière de gouvernement; les principes ne sont rien.

Ou plutôt un seul principe importe, c'est d'avoir une constitution qui permette le recrutement de bons hommes; alors la forme de gouvernement n'aura plus aucune importance du tout, puisque nous venons de voir que les différentes formes n'amènent des effets différents qu'en cas de gouvernants trop égoïstes, c'est-à-dire mauvais.

CHAPITRE V

CHOIX DES GOUVERNANTS

La question du choix des gouvernants est le point capital du présent ouvrage; et ce point est d'un intérêt pratique assez grand pour faire excuser, nous l'espérons, les considérations qui nous ont occupés jusqu'ici, et qu'on aura peut-être trouvées un peu trop spéculatives et abstraites, mais qu'il était nécessaire d'exposer pour la pleine compréhension du sujet et la bonne marche des déductions.

Avant d'exposer la méthode pour le choix des bons gouvernants, observons qu'il y a une condition préliminaire à remplir de la part de la Nation.

Il faut que les citoyens soient d'abord eux-mêmes suffisamment conscients de ce qui constitue la Nation, de ce pourquoi ils sont citoyens, et que la volition-base soit, dans la volonté de chacun d'eux, formulée le plus explicitement possible.

S'ils ne savent pas eux-mêmes ce qu'ils désirent, comment seront-ils aptes à choisir des gens qui exécutent ces désirs; bien plus, comment même reconnaîtront-ils si ces gens, une fois nommés, remplissent ou non leur devoir?

Les Romains, dans les premières périodes de leur histoire (voir Montesquieu) et les Anglais de nos jours sont certainement les peuples chez qui la conscience de l'essence réelle de la Nation apparaît la plus nette.

Il est bien peu d'Anglais, même des plus illettrés, qui ne soient capables de proférer presque mot pour mot la volition nationale : « Nous voulons être heureux, nous tous, Anglais, fût-ce aux dépens des autres hommes. »

Aussi sont-ils plus correctement gouvernés en général que bien d'autres peuples, parce qu'un gouvernement qui a affaire à des citoyens sachant bien pourquoi ils sont citoyens n'a pas à craindre qu'ils lui appliquent à faux la sanction qui consiste à le renverser.

Dans ces conditions, il sait ce qu'il a à faire et va de l'avant.

En Angleterre, le gouvernement sait qu'on le changerait s'il n'observait pas la volition nationale, puisque tous les citoyens la connaissent bien, et qu'au contraire on le gardera s'il l'observe ; il ne se hasarde pas à y forfaire.

Et voilà la cause primordiale de la supériorité des Anglo-Saxons ; c'est *uniquement* la conscience nette, chez les citoyens, de la volition nationale.

Certes, les Anglais n'ont pas été totalement dispensés des erreurs et des écoles par lesquelles passe forcément chaque peuple au cours de son évolution, mais on peut dire qu'ils ont été, dans cette évolution, en avance sur leur temps et sur les peuples voisins, et que, de plus, les tâtonnements se sont produits chez eux avec le minimum de casse possible.

Supposons remplie cette condition préliminaire, qui est la conscience suffisante, chez les citoyens, de la volition-base de la Nation.

Comment doivent s'y prendre ces citoyens pour rencontrer, chez leurs gouvernants, les trois qualités requises, à savoir l'Intelligence, l'Instruction et la Bienveillance?

Pour les deux premières qualités, cela paraît aller tout seul : un enseignement, des examens; c'est le Mandarinat lettré des Chinois.

Mais le Mandarinat a fait ses preuves, et elles ne sont pas encourageantes.

La Chine, pays où les hauts emplois sont donnés à des gens prétendûment savants, est un des pays qui s'avancent le plus lentement dans la voie du progrès.

Pourquoi? Parce que le Mandarinat développe l'esprit de corps, la camaraderie.

— Qu'est-ce que l'*esprit de corps?*

Un *modus vivendi* entre l'altruisme et l'égoïsme, dont la volition spéciale :

« Nous voulons être heureux nous tous, les camarades, fût-ce aux dépens des autres hommes, »

est d'une envergure inférieure à la volition nationale.

Il ne faut pas trop médire de l'esprit de

corps; il crée la *conscience professionnelle*, qui fait qu'un avocat, par exemple, se donnera beaucoup de mal pour sauver un pauvre diable dont l'acquittement ne lui rapportera parfois ni honneur ni profit.

Ce bonheur, que les camarades d'instruction supérieure réclament pour eux seuls dans leur volition de camaraderie, ils le placent du moins, en général, dans un idéal plus élevé que le vulgaire; ils rechercheront, par exemple, la considération publique autant que les avantages matériels, et, somme toute, l'esprit de corps est plutôt bon que mauvais dans certaines catégories de fonctionnaires, qui sont purement techniques ou qui n'ont que voix consultative.

Mais il n'en reste pas moins vrai que, dans les hauts emplois gouvernementaux, et pour les fonctionnaires ayant voix délibérative ou décisive, l'esprit de corps aboutit forcément à la tyrannie par défaut, car il est incompatible avec la volition-base de la Nation, qui est plus compréhensive et demande, entre les deux tendances primordiales humaines, un *modus vivendi* dans lequel l'altruisme ait une plus large part.

Pour ces raisons[1], il faut définitivement écarter le recrutement de l'ensemble des fonctionnaires par voie d'examen et de concours, car ce moyen, le seul que l'on ait d'être assuré que les futurs gouvernants possèdent les deux premières qualités requises, l'intelligence et l'instruction,

1. Et non pour d'autres raisons. On dit parfois qu'il serait *injuste* d'interdire l'accès des fonctions publiques aux hommes qui n'ont pas eu les moyens de recevoir l'instruction supérieure.

Ceux qui parlent ainsi sont imbus de l'idée qu'il y a quelque chose à gagner dans les emplois publics, c'est-à-dire que le peuple est fait pour le bonheur des gouvernants, et non pas les gouvernants pour le bonheur du peuple.

Nous ne pouvons en aucune façon admettre cette théorie, et nous devons proclamer bien haut qu'il ne faudrait pas hésiter à commettre l'injustice consistant à exclure des fonctions gouvernementales telle ou telle catégorie de citoyens, si le bonheur du peuple avait à gagner, si peu que ce soit, à cette injustice, parce que c'est le bonheur du peuple qui est le but *unique* de la société.

D'ailleurs ce ne serait pas, à proprement parler, une injustice, comme le serait, par exemple, l'interdiction à des citoyens d'exercer une profession privée.

Une injustice en effet est la lésion d'un droit.

Interdire une profession privée à un homme, c'est lui enlever un droit qu'il possède naturellement, comme tous, puisque tout citoyen a naturellement des droits égaux.

Lui interdire d'être gouvernant, ce n'est pas lui enlever un droit, puisque les gouvernants n'ont aucun droit spécial (page 22).

constitue précisément une présomption qu'ils ne possèdent pas la troisième, la bienveillance, au degré voulu pour se conformer à la volition nationale.

La question du recrutement des bons gouvernants semble donc insoluble, et elle le serait en effet si les *trois* qualités devaient forcément se trouver réunies dans *une même personne;* mais il n'en est rien heureusement.

— L'intelligence et la bienveillance, réunies dans la personne des magistrats à voix *décisive,* de tous ceux qui sont appelés à *prendre des résolutions* touchant le gouvernement, suffisent parfaitement, à condition que ces magistrats décisifs soient assistés de magistrats techniques, à voix purement consultative, pourvus, eux, d'intelligence et d'instruction, mais auxquels la bienveillance n'est pas nécessaire.

A ces derniers d'éclairer les premiers, dans chaque cas, en leur exposant le pour et le contre de la question, d'après les données de l'expérience et de la science.

Aux magistrats décisifs de prendre, en dernier ressort, la résolution voulue.

Nous estimons que cette distinction des gouvernants en magistrats *décisifs* et en magistrats techniques *consultatifs* est la seule rationnelle, et doit remplacer la classification usuelle en magistrats exécutifs, législatifs et judiciaires.

Ranger les magistrats judiciaires dans une catégorie spéciale, cela s'explique encore, mais il n'en est pas de même de la distinction entre le pouvoir exécutif et le pouvoir législatif.

De deux choses l'une :

Ou bien une loi est bonne, et il n'y aurait donc aucun inconvénient à ce que l'Exécutif l'appliquât *de plano;* alors le Législatif est inutile;

Ou bien la loi est mauvaise, et alors le Législatif qui l'édicte est dangereux.

Quant au critérium pour savoir si la loi est bonne ou mauvaise, il ne dépend pas du tout de ce que cette loi aura été faite et exécutée par des magistrats différents ou non; il dépend uniquement de cette question :

La loi se conforme-t-elle à la volition nationale, ou y contredit-elle?

Nous savons bien la raison qu'on donne pour

justifier cette séparation des deux pouvoirs; c'est, dit-on, pour se prémunir contre les entraînements irréfléchis des magistrats exécutifs; on préfère, en un mot, qu'il y ait deux pouvoirs s'équilibrant, pour que, si l'un est disposé à faire des sottises, il y ait des chances pour qu'il soit retenu par l'autre.

C'est, autrement dit, une précaution plus ou moins ingénieuse contre les mauvais gouvernants.

Mais alors c'est que vous êtes résignés à avoir de mauvais gouvernants!

Que n'employez-vous plutôt votre ingéniosité à prendre des mesures pour en avoir de bons?

Que penseriez-vous d'un homme qui, ayant à se construire une maison, ne mettrait pas de barres d'appui à ses fenêtres, et, pour ne pas se casser la tête en cas de chute, tendrait en dessous un grand filet à travers la rue?

Ne lui conseilleriez-vous pas plutôt de mettre tout simplement des barres d'appui, ce qui l'empêcherait de tomber?

Étant donc entendu que les magistrats doivent se diviser en magistrats techniques consultatifs et en magistrats décisifs, comment doit se recruter chacune de ces catégories?

Pour la première, par voie d'examens et de concours, cela ne fait pas de doute, l'inconvénient de ce recrutement, qui est l'esprit de corps, devenant nul pour des magistrats qui n'ont jamais à rien commander ni à rien décider, et qui seront donc dans l'impossibilité d'exercer en fait le favoritisme auquel ils seraient enclins par camaraderie.

Quant aux magistrats décisifs, qui doivent être suffisamment intelligents et surtout bienveillants, il n'y a qu'un moyen pour déceler ces deux qualités : c'est la *Notoriété*.

Quand un simple particulier, non suspect d'ambition, est *connu* pour posséder ces qualités dans le groupe d'hommes qui l'entoure d'assez près pour avoir bien suivi toute son existence, c'est qu'il les possède en effet.

C'est donc par l'*élection* [1] de ses proches

1. Cette élection pourra bien entendu se porter sur des hommes techniques, des hommes de haute culture intellectuelle, si on reconnaît chez eux la bienveillance, et qu'on n'ait plus par conséquent à avoir les craintes exprimées précédemment.

Nous n'avons jamais voulu dire (c'eût été absurde de notre

concitoyens que devra être choisi tout magistrat décisif.

Tous les citoyens, bien entendu, doivent prendre part au vote; nous ne disons pas *peuvent,* mais *doivent,* car cette identité absolue du pouvoir et du devoir que nous avons reconnue exister toujours pour les gouvernants, existe aussi pour les citoyens, justement dans ce seul cas particulier, où les citoyens font fonction de gouvernants, en quelque sorte.

On ne peut certes pas les forcer à exprimer leur suffrage, car nul n'a de droit sur les citoyens, mais ils s'y forcent eux-mêmes s'ils ont une conscience suffisante de ce qu'est une Nation, et de ce pourquoi ils sont citoyens.

C'est pour cette raison que nous avons dit plus haut (page 114) que cette conscience suffisante est la condition primordiale pour avoir un bon gouvernement.

Les adversaires du suffrage universel objectent parfois que les citoyens qui ne possèdent rien ont un intérêt moindre à la bonne

part) qu'un homme instruit devait par cela même être toujours confiné dans les fonctions de magistrat technique non décisif.

gestion des affaires de l'État que ceux qui possèdent quelque chose.

Cette objection n'est pas sérieuse; c'est le contraire qui est vrai.

Ceux qui ne possèdent rien sont en général les plus éloignés du bonheur qui fait l'objet de la volition-base de la Nation; ce sont donc les plus intéressés à ce que le gouvernement soit bien choisi, pour observer scrupuleusement cette volition, pour tâcher de leur donner, dans la mesure du possible, le bonheur qui leur manque jusqu'à présent.

Bien loin d'être exclus du suffrage, c'est à eux qu'on devrait attribuer des voix multiples, s'il y avait lieu d'en instituer.

D'autres objections plus sérieuses sont les suivantes :

1° Les classes inférieures, généralement illettrées, sont inaptes à nommer des magistrats techniques.

Aussi avons-nous conclu que ces derniers échappent à l'élection, et doivent être recrutés par examens.

2° Elles sont susceptibles d'être trompées par

les déclarations et les promesses mensongères des candidats.

Ceci est exact, et nous allons même plus loin : la population entière serait-elle lettrée et instruite, que ce dernier inconvénient serait encore à craindre.

Et cela parce qu'il y a dans la psychologie humaine un certain phénomène dont l'étude, très curieuse, nous entraînerait trop loin, mais dont il nous faut constater l'existence.

Ce phénomène, qu'on appelle vulgairement la *badauderie*, et qu'on peut définir : une renonciation intermittente à l'exercice de la faculté de jugement, se retrouve chez tous les hommes, même chez ceux qui ont cette faculté la plus développée par l'instruction et l'expérience.

Mais cette dernière objection, tirée de la crainte que les électeurs ne soient trompés par les candidats, n'a de raison d'être que si le suffrage universel est pratiqué d'une façon défectueuse.

Et d'ailleurs on peut dire en général que le suffrage universel, suivant la façon dont il est compris, mérite toutes les louanges de ses partisans et toutes les invectives de ses adversaires, ce qui n'est pas peu dire.

Supposez que nous prenions une circonscription, restreinte à quelques milliers d'habitants, et que nous tenions aux citoyens de cette circonscription le langage suivant :

« Il faut que vous nommiez un magistrat (ou plusieurs) pour vous gouverner et administrer les affaires de votre circonscription.

« Prenez-le parmi vous, non pas pour la fausse raison donnée parfois que, de cette manière, il connaît mieux vos intérêts (s'il est intelligent, il arriverait vite, même étranger, à les connaître), mais simplement parce qu'en le prenant dans votre circonscription qui ne compte que quelques milliers d'habitants, chacun de vous est assuré de connaître sa personne.

« Choisissez-le parmi les hommes qui résident depuis longtemps dans le pays, dix ans par exemple, non toujours pour la fausse raison de ci-dessus, mais parce que, dans un si long espace de temps, il n'a pu vous tromper sur son caractère et sur sa valeur, nul, comme on dit, n'étant prophète dans son pays.

« Et puis, pour être encore plus sûrs qu'il n'a pas essayé de vous tromper par suite de quelque arrière-pensée, ne le choisissez pas parmi des hommes qui viendraient eux-mêmes vous demander de les nommer à cette magistrature, parmi des *candidats*.

« S'ils vous demandent cela, c'est qu'ils ne sont pas exempts d'ambition ; l'ambition est un peu une présomption d'égoïsme, et l'égoïsme en excès exclut, vous le savez, cette qualité si nécessaire aux gouvernants, la bienveillance, qui demande au contraire de l'altruisme en excès.

« Nous ne voulons pas dire que vous devez rejeter forcément tout homme qui a de l'ambition, non, mais enfin ne vous astreignez pas à choisir *uniquement* parmi les ambitieux, comme vous le faites avec le système des candidatures déclarées.

« Et surtout n'écoutez aucun discours, aucune promesse ; car, vous le savez, il y a cette badauderie humaine qui pourrait vous entraîner à des erreurs que vous regretteriez ensuite.

« Jugez les gens uniquement d'après leurs actes, comme vous le pouvez pour des hommes qui vivent depuis dix ans au milieu de votre petit groupe.

« Et jugez-les sur ce seul critérium :

« Se sont-ils montrés intelligents et bienveillants? nommez-les. Sinon, rejetez-les. »

Tels sont en résumé les préceptes du suffrage universel, correctement pratiqué :

1° Unité de circonscription restreinte;

2° Long séjour préalable du futur élu dans la circonscription ;

3° Interdiction de tout acte de candidature, quel qu'il soit, discours, affiche, réunion, etc...

Avec naturellement, comme sanction, la nullité de l'élection pour laquelle une ou plusieurs de ces trois conditions ne seraient pas remplies.

Les infractions à chacune de ces conditions sont, on le voit, des plus faciles à constater et leur constatation doit *ipso facto* rendre l'élection caduque.

Et cela de plein droit, sans que personne soit appelé à le juger, car le mode d'élection est la base même de la constitution d'une Nation, et nul magistrat n'est apte à juger la constitution.

Le droit de juger une constitution, qui présuppose le droit de l'octroyer, n'appartiendrait qu'au souverain, s'il y avait un souverain ; mais nous avons vu que la Souveraineté n'existe pas, ni chez un monarque, ni chez un parlement, ni chez un peuple.

La *rédaction* (nous ne disons pas l'*octroi*) de la constitution, doit être faite une fois pour toutes, à l'origine de la nationalité ou après une grande crise nationale, par des hommes spécialement chargés de ce soin, et désignés non pas en vertu d'un droit souverain, mais en raison de leur compétence supérieure. Le rôle de ces hommes est ensuite terminé, comme celui de Solon à Athènes, et de l'Assemblée constituante de 1790 en France.

Sont tout particulièrement inaptes à juger de la validité d'une élection les magistrats du même degré que l'élu, ses collègues, comme cela a lieu par exemple quand une assemblée, un parlement, se prononce sur la validation de ses membres.

En vain objectera-t-on que généralement le

parlement n'a pas, à proprement parler, le droit de valider ou non l'élection de ses membres, de leur donner une investiture, mais seulement de vérifier si l'élection est valable, a été faite sans fraude. Cet usage n'en est pas moins blâmable, car le parlement n'en est pas moins juge[1] de ce qui est ou non une fraude, car c'est lui qui prononce si les moyens employés par une candidature ont dépassé ou non ce qui est licite en matière de candidature; c'est la bouteille à l'encre.

Au contraire, la règle indiquée par nous :

« Tout acte de candidature, quel qu'il soit, est illicite et annule l'élection, »

ne laisse place à aucun doute dans les applications.

L'élection à la *candidature,* que nous proposons de remplacer par l'élection à la *notoriété,* présente de nombreux inconvénients.

Le capital est le suivant :

1. Nous ne nous plaçons pas au point de vue de la suspicion légitime, car on nous retorquerait notre argument (page 121) et on nous accuserait d'établir à notre tour des règles pour mauvais gouvernements.

Quand il y a des candidats sur les rangs pour se disputer les suffrages des électeurs, chacun d'eux est amené à faire des *professions de foi*, c'est-à-dire à déclarer :

« Moi, dans tel cas particulier, je ferai ceci ; telle est mon opinion sur tel point, etc. »

De sorte que les électeurs, en fait, en arrivent à choisir l'un des candidats précisément pour son opinion sur ce point, et l'élisent en quelque sorte avec le mandat spécial d'agir de telle façon en tel cas particulier.

Ceci est absurde et néfaste.

Absurde d'abord. En effet, l'électeur qui croit savoir ce que le gouvernement a à faire dans telle ou telle circonstance, devrait logiquement mettre son propre nom dans l'urne.

S'il y met le nom d'un autre, c'est qu'il suppose cet autre plus compétent, plus capable que lui-même d'agir au mieux des intérêts de la Nation.

Et si cet autre est plus capable, pourquoi l'électeur, moins capable, lui imposerait-il sa propre opinion sur quelque point que ce soit ?

Et c'est de plus néfaste, parce qu'avec cette

façon d'élire sur mandat impératif pour des questions de détail, il doit arriver et il arrive en effet que des circonscriptions voisines donnent à leurs élus des mandats impératifs inverses, en sorte que finalement on élit des gouvernants avec le mandat impératif de se disputer entre eux, alors qu'au contraire on devrait les élire pour s'entendre.

Le système des élections par candidatures a donc pour conséquence forcée les dissensions, les luttes des partis politiques.

Les élus, de quelque degré qu'ils soient, depuis les gouvernants suprêmes jusqu'aux magistrats subalternes, ne doivent être élus que sur un seul mandat, qui est implicite, celui de se conformer à la volition-base de la Nation.

Ils doivent rester libres, dans chaque cas particulier, de juger la manière de s'y conformer, puisqu'on les a élus justement parce qu'on avait foi en leur jugement.

Si on s'est trompé, ce qui peut toujours arriver, on les change.

Et on s'aperçoit qu'on s'est trompé, non pas au moment où ils prennent telle ou telle mesure, car nous venons de voir que le peuple est supposé moins compétent que les élus pour les mesures à prendre, mais au moment où les résultats de ladite mesure se font sentir.

La Nation est-elle plus heureuse qu'avant, la mesure était bonne ; si elle est plus malheureuse, la mesure était mauvaise ; c'est donc que les gouvernants étaient mal choisis ; il faut les changer.

Et il faut les changer *dès* qu'on s'aperçoit qu'on s'était trompé sur leur compte.

Le système qui consiste à élire des magistrats pour une durée déterminée ne tient pas devant le raisonnement.

De deux choses l'une :

Ou bien l'élu remplit mal son devoir ; alors on doit s'en débarrasser tout de suite ; il est dangereux de le laisser en place un certain nombre de mois ou d'années après cette constatation ;

Ou il le remplit bien ; alors il est tout à fait inutile, à l'expiration de la période, de déranger de nouveau les électeurs ; il vaut mieux laisser l'élu en place tant qu'il continuera à bien s'y comporter, et cela jusques et y compris le cas de la succession héréditaire des charges.

— Cette succession héréditaire, soit de la charge suprême ou royauté, soit même des charges gouvernementales inférieures, n'est pas illogique en soi.

Elle ne l'est que si on a égard uniquement aux services du père pour maintenir le fils, même après constatation que ce fils est incapable; mais si on maintient le fils provisoirement, jusqu'à constatation de sa capacité, quitte à le destituer si besoin, la chose n'est pas illogique.

Il n'y a pas de raison à priori, en effet, pour que le fils remplisse l'emploi plus mal qu'un nouveau venu; il y en a même certaines pour qu'il le remplisse mieux, par éducation et par atavisme.

La durée illimitée, et même héréditaire des emplois gouvernementaux se justifie parfaitement, étant entendu que les titulaires restent à tout moment révocables pour raison d'incapacité constatée.

La durée fixe des emplois, avec irrévocabilité des titulaires au cours de ladite durée, n'est au contraire nullement justifiable, et ne s'explique que par cette idée fausse, qui admet que les fonctions publiques sont carrément une assiette au beurre devant laquelle il est juste que chacun, autant que possible, puisse s'attabler à son tour.

Dans le cas où la révocation s'impose, à qui appartient-il de la prononcer?

Bien évidemment aux mêmes électeurs qui ont fait la nomination de l'élu incriminé.

C'est-à-dire que toute pétition, émanant d'un quantum d'entre eux suffisamment important, doit entraîner de plein droit une nouvelle élection, quel que soit le temps écoulé depuis la dernière, qu'il y ait six mois ou deux cents ans (si les charges sont héréditaires).

Répondons à certaines objections de détail que peut soulever notre système d'élection à la *notoriété,* et non plus à la *candidature.*

Celui qui aura le plus grand nombre de voix en aura encore fort peu, puisque, n'ayant plus à limiter forcément leur choix entre quelques candidats déclarés, les électeurs pourront partager leurs voix entre un bien plus grand nombre de noms.

L'élu aura-t-il, dans ces conditions, l'autorité suffisante pour gouverner ses concitoyens? Ne sera-t-il pas utile, s'il n'atteint pas un certain quantum de voix, de procéder à un scrutin de ballottage?

Nous répondrons que non; un scrutin de ballottage rétablirait en fait le système de la candidature aboli en droit, car la lutte se circonscrirait sur peu de noms.

Le petit nombre de voix n'est un inconvénient qu'avec les errements de la candidature, car avec ce système l'élection se fait toujours, nous l'avons vu, sur une question-tremplin, par exemple pour ou contre un parti politique.

Si, par le grand nombre des abstentions ou par la multiplicité de ses concurrents, le candidat qui arrive en tête n'a que peu de voix, il est à craindre en effet que la majorité des électeurs de la circonscription ne soient en réalité d'un parti opposé au sien, et qu'il ne soit pas qualifié pour les *représenter*, comme on dit.

Ce mot de *représentant du peuple* est d'ailleurs des plus impropres : il ne s'explique qu'en sous-entendant : auprès du souverain.

Les représentants du peuple étaient utiles seulement pendant la troisième période de la civilisation (page 8), alors qu'on admettait la coexistence d'un droit souverain chez le monarque et d'un droit individuel chez les sujets. Pour que les monarques d'alors ne fussent pas tentés d'en revenir à l'accaparement de tout le droit, comme le faisaient leurs prédécesseurs de la deuxième période, il était bon qu'ils eussent auprès d'eux des représentants du peuple, chargés de leur rappeler sans cesse l'existence des droits de ce dernier.

Mais cette institution, inutile pendant les deux premières périodes de la civilisation, où la totalité du droit résidait chez le monarque, l'est redevenue aujourd'hui, où l'on admet que tout le droit appartient aux citoyens ; il ne peut plus s'agir de nommer des députés pour *représenter* le peuple, mais simplement des magistrats pour le gouverner au mieux de ses intérêts.

Si peu de voix qu'obtienne l'élu au premier

tour de scrutin, s'il en a plus que les autres, c'est que c'est lui qui est le plus considéré ; ce petit nombre de voix sur son nom indique simplement qu'il y a beaucoup d'hommes considérés dans la circonscription, puisque les voix se sont réparties sur beaucoup d'autres; bien loin de prouver contre l'élu, cela prouve au contraire en sa faveur, puisqu'en définitive il l'emporte sur beaucoup d'autres.

Il doit donc être proclamé élu dès le premier tour; on en sera quitte pour le destituer si nécessaire, puisqu'il est toujours révocable.

Et, nous dira-t-on encore, si on élit ainsi des gens qui ne sont pas candidats, il y en a beaucoup qui refuseront la charge offerte.

Nous croyons le contraire; on refuse souvent d'être candidat, car le métier de candidat n'est pas toujours agréable; mais un homme à qui, sans candidature et sans pression, ses concitoyens viendront d'eux-mêmes s'adresser, comme au plus digne, pour le prier de les gouverner, refusera rarement un mandat très honorable dans ces conditions.

Et si parfois il refuse, on en sera quitte pour prendre le second sur la liste des voix.

On pourra encore objecter qu'avec notre unité de circonscription restreinte à quelques milliers d'habitants, il y aurait un trop grand nombre d'élus pour former le gouvernement d'une nation d'une population importante.

Aussi ne s'agit-il nullement dans notre esprit de destiner au gouvernement de l'ensemble du pays les élus du premier degré, les élus locaux dont il vient d'être parlé.

Nous reconnaissons que chacun de ces élus, même si c'est le plus digne de sa localité, n'est pas forcément capable par cela même de passer *de plano,* sans transition, de la position d'homme privé à celle de gouvernant d'une Nation.

Il ne s'est agi jusqu'ici que de nommer les gouvernements locaux, correspondant à peu près à ce qu'on nomme en France les municipalités.

Les municipalités d'une même région, après quelque temps d'exercice, arrivent à se connaître, à se juger en se voyant à l'œuvre.

Elles sont donc entre elles comme sont entre

eux les simples citoyens d'une même localité; elles sont donc aptes à élire les gouvernements du deuxième degré, absolument comme les citoyens ont élu ceux du premier, c'est-à-dire sous la triple condition :

1° Que la région soit assez restreinte pour que les municipalités se connaissent;

2° Que seuls soient éligibles des hommes ayant rempli assez longtemps la magistrature du premier degré pour qu'on soit pleinement édifié sur leur caractère et leur capacité;

3° Que l'élection ait lieu, non pas à la candidature, mais à la notoriété.

Ainsi seront constitués les gouvernements du deuxième degré ou gouvernements *régionaux;* nous disons *gouvernements* comme les cantons suisses par exemple, ou les États de l'Union américaine, et non pas *administrations,* comme par exemple les préfectures en France.

L'opportunité de l'action réflexe du gouvernement central exercée par des organismes comme les préfectures en France n'est pas soutenable, à notre avis.

Si les préfets sont d'accord avec les autorités

locales, ils sont inutiles; s'ils ne sont pas d'accord, ils sont nuisibles.

Ils sont là, dit-on, pour assurer l'application des lois générales malgré les résistances locales; mais si une loi doit soulever des résistances locales, c'est qu'on a eu tort d'en faire une loi générale.

Nous ne prétendons pas contester l'utilité des préfectures en tant que rouages administratifs, c'est-à-dire qu'il n'est pas inutile que dans chaque région un certain nombre de fonctionnaires, instruits et expérimentés, sachent ce qu'il y a à faire, dans les détails, pour administrer la région, en gardent les archives, etc.; seulement ce rôle incombe bien nettement aux fonctionnaires techniques, et non aux magistrats décisifs; le préfet devrait être un chef de bureau technique administratif.

Et en France, l'anomalie de l'institution des préfectures est encore augmentée par la présence latérale des conseils généraux, organismes *consultatifs* et *élus*.

C'est-à-dire que c'est juste l'inverse de la logique, qui voudrait que les magistrats élus, les conseillers généraux, fussent *décisifs* et les préfets, magistrats techniques, simplement *consultatifs*.

En résumé, c'est le fédéralisme et non la centralisation qui est le vrai type de la Nation moderne; le fédéralisme qui laisse chaque région maîtresse chez elle pour tous les points susceptibles de diviser la Nation, et qui ne réserve à la compétence du gouvernement central que les questions qui, au contraire, unissent tout le monde.

Le fédéralisme, bien loin d'affaiblir l'idée de nationalité, la volition-base, l'épure au contraire et la fortifie en empêchant qu'elle soit obscurcie par les volitions secondaires, par les luttes locales qui, dans ce système, ne sont point portées au sein du gouvernement suprême.

C'est le système fédératif qui seul permet l'extension de la Nation, par adhésions volontaires, et sans annexions violentes.

Il semble que cette vérité ait été entrevue, comme bien d'autres, au début de la Révolution française; malheureusement elle ne tarda pas à s'oblitérer de nouveau.

Avec la fédération, chaque province conservant une large autonomie, peut-être les guerres civiles de la Vendée eussent été évitées, et peut-être les pays annexés spontanément à cette époque (parties de la Belgique, de la Suisse et de l'Italie) fussent-ils demeurés définitivement unis à la volition nationale française.

Entre les gouvernements du deuxième degré ou régionaux, tels qu'ils ont été définis plus haut, et le gouvernement central de la Nation, il pourra y avoir lieu d'insérer encore des gouvernements de degrés intermédiaires ou inter-régionaux.

Le nombre des degrés intermédiaires est évidemment proportionnel à l'étendue de la Nation et à la diversité des populations qui la composent.

Dans chaque degré l'importance des régions pourra, en vertu de considérations ethniques ou géographiques, être fort inégale; une grande ville pourra parfois constituer à elle seule un gouvernement régional du deuxième degré.

Mais il ne faut pas perdre de vue que l'importance des régions devra toujours être limitée par la condition que les électeurs (simples citoyens pour le premier degré, gouvernants du degré inférieur pour les autres), puissent connaître et avoir vu à l'œuvre pendant un temps suffisant les hommes parmi lesquels ils auront à choisir les futurs élus; une grande ville, par exemple, devra toujours comprendre plusieurs circonscriptions du premier degré.

— Cette obligation d'un stage assez prolongé dans chaque degré de magistrature ne permettra pas l'accession aux hauts emplois gouvernementaux avant un âge assez avancé.

Mais nous estimons que ce n'est point là un inconvénient. Il faut de vieux sénateurs et de jeunes chefs militaires, avaient coutume de dire les Romains de la grande époque.

En effet la qualité des gouvernants dénommée par nous intelligence se décompose elle-même en deux autres : l'intelligence innée et l'expérience, cette dernière tout aussi nécessaire que l'autre, et peut-être les grands défauts qui déparèrent les grandes qualités des gouvernants de la Convention provinrent-ils uniquement de leur trop grande jeunesse, lors de leur accession au pouvoir.

Pour Bonaparte lui-même, et plus récemment pour Gambetta, la même remarque ne serait peut-être pas hors de saison.

On pourra nous dire que ces exemples sont exceptionnels, et que dans la marche normale des choses, les futurs hommes d'État, les futurs ministres accomplissent en fait un stage assez long, dans les parlements par exemple, là où se pratique le régime parlementaire.

Nous répondrons qu'un stage dans un parlement est loin d'avoir la même utilité que le stage imposé par nous dans les gouvernements de degré inférieur, qui comporte, pour le futur homme d'État, la pratique et le maniement de l'autorité, et, pour ses électeurs, le moyen de le juger à l'œuvre.

Avec le système de balance usité dans le régime parlementaire, les gouvernants du lendemain sont choisis en général parmi les notables opposants de la veille.

Or on ne peut soutenir sans paradoxe que l'opposition (nous entendons l'opposition théorique, sans responsabilité) soit la meilleure école du gouvernement.

Les grands opposants deviennent même rarement de grands gouvernants, car les grands opposants sont assez souvent des sentimentaux, et les grands gouvernants sont toujours des intellectuels.

Nous estimons, avons-nous dit (page 120), que la distinction des magistratures exécutives et législatives est une erreur; mais, si ces deux sortes de magistrats sont maintenus séparés, la logique dans l'erreur exigerait du moins que l'on fît une distinction dans leur mode de recrutement, au lieu de les tirer de la même source.

— De même que l'élection, la révocation, s'il y a lieu, sera faite dans chaque degré par ceux qui ont élu le titulaire reconnu indigne, c'est-à-dire par les magistrats du degré inférieur au sien, non pas qu'ils aient à cela plus de droits que les simples concitoyens, au contraire ils n'en ont aucun comme magistrats et, en élisant ou révoquant un titulaire au degré supérieur, ils agissent comme simples citoyens.

Mais simplement parce qu'ils sont présumés

avoir une compétence plus grande que le commun du peuple pour juger de l'opportunité de la révocation comme de l'élection.

Le peuple ne peut contester cette compétence puisque c'est lui-même qui l'a reconnue en les choisissant comme gouvernants du premier degré.

Dans chaque degré, il pourra y avoir un ou plusieurs gouvernants ou magistrats décisifs, il sera le plus souvent commode d'en avoir plusieurs, afin qu'ils se partagent la besogne, mais leur nombre n'a aucune importance de principe.

De même au degré supérieur, pour la magistrature suprême, il pourra y avoir un ou plusieurs titulaires, suivant les cas; tout au plus peut-on donner comme précepte à ce sujet que quand la Nation est très étendue, il devient plus utile d'avoir un magistrat suprême unique, pour servir d'ultime arbitre, et départager les intérêts divers, qui sont plus variés en raison de l'importance du pays.

Plus le degré de magistrature est élevé, plus il est important que le titulaire soit bien choisi;

mais les chances pour que le choix soit bon s'augmentent aussi automatiquement avec notre système, puisque l'élu passe par le crible d'un nombre de plus en plus grand d'élections successives, après avoir été vu à l'œuvre dans un nombre de plus en plus grand de magistratures d'importance croissante.

Si (ce qui n'est pas nécessaire) le degré ultime comporte un chef d'État unique, les magistrats du pénultième degré correspondront à peu près à ce qu'on nomme des ministres, mais pas complètement, en ce sens que ce sont ces simili-ministres qui doivent nommer le chef d'État.

Si l'inverse a lieu, si le chef d'État nomme les ministres, on retombe dans cette action réflexe du pouvoir supérieur que nous avons blâmée à propos des préfectures, et on va à l'encontre de notre principe que les magistrats *décisifs* de chaque degré doivent être nommés (et révoqués si besoin) de *bas en haut*, c'est-à-dire par leurs *mandants*, et non par leurs *mandataires*.

Et cela parce que ce sont les mandants qui ont des droits sur les mandataires, et non pas l'inverse.

La nomination des ministres, ou de tous autres magistrats *décisifs* par le chef d'État, date des trois premières périodes de la civilisation (pages 6 à 8), du temps où, croyant à l'existence du droit souverain, on devait admettre que le droit procède de *haut en bas,* du souverain aux sujets.

Si le magistrat suprême est unique, nous pensons n'avoir guère besoin de répéter ici, après ce qui a été exposé au chapitre IV, qu'il peut indifféremment s'appeler roi ou président, être héréditaire ou non, sans que ces distinctions aient la moindre importance, du moment qu'il est toujours révocable pour cause d'indignité, ainsi du reste que tous les fonctionnaires de tous les degrés.

Ce principe de la responsabilité effective des fonctionnaires est des plus féconds ; on en a vu d'excellents résultats sous la Révolution française, malgré qu'à cette époque il fût faussé pour deux raisons.

La première, c'est que la sanction, dépassant la révocation et l'amende, et allant jusqu'à la guillotine, était très exagérée, ce qui avait pour effet d'écarter bien des bons concurrents aux emplois gouvernementaux.

La deuxième raison, c'est qu'on tombait dans l'erreur signalée (page 148). La sanction, au lieu d'être décidée par les inférieurs, par les mandants du fonctionnaire incriminé, était appliquée par le pouvoir supérieur; ce qui est une hérésie quand il s'agit de fonctionnaires *décisifs* et n'est admissible que pour les fonctionnaires techniques non élus.

Comme nous l'avions annoncé tout d'abord, nous n'avons introduit à aucun des degrés de notre hiérarchie la distinction entre magistrats exécutifs et législatifs, qui est peu logique.

Quant aux magistrats judiciaires, leur séparation pourra avoir lieu ou non, suivant les cas; c'est une question de bonne répartition de la besogne.

Tous nos fonctionnaires élus sont simplement *décisifs*, sans autre épithète.

Ils sont tous assistés de fonctionnaires techniques non élus, mais recrutés par voie d'examens; il y aura donc des conseils techniques auprès des gouvernements de chaque degré, et pour tous les ordres d'idées où le gouvernement peut avoir besoin des lumières de l'instruction.

Nous reconnaissons en particulier que les fonctionnaires techniques chargés d'élaborer les lois, surtout les lois du degré supérieur qui engagent l'ensemble de la nation, doivent former de véritables assemblées, pour qu'un grand nombre d'opinions puissent s'y produire, et que de la discussion jaillisse, comme on dit, la lumière.

Mais comme, par cela même qu'ils sont techniques, c'est-à-dire instruits, ils sont suspects de manquer de la qualité des gouvernants que nous avons appelée la bienveillance (page 118), on ne doit pas leur laisser la *décision*.

Celle-ci va de droit aux gouvernants élus, qui sont présumés doués de bienveillance, à condition que leur mode d'élection soit correct.

Une fois les lois élaborées et édictées, les magistrats décisifs chargés de fonctions judiciaires, c'est-à-dire de prononcer les jugements, doivent encore, bien entendu, être assistés de fonctionnaires techniques remplissant l'office des avocats actuels.

Contrairement en effet à ce que l'on croit souvent, ce n'est pas aux plaideurs que les avocats rendent service, car, si chaque plaideur a un avocat qui le défend, il y en a un autre qui l'attaque; les deux s'annulent; c'est au juge, à qui ils mâchent la besogne, au juge qui n'aurait pas le temps matériel d'étudier chaque affaire et d'en examiner lui-même le pour et le contre, même s'il est compétent en jurisprudence.

A plus forte raison si, magistrat décisif élu, le juge ne possède pas d'instruction technique judiciaire.

Les avocats devraient donc être des fonctionnaires; c'est, au premier chef, un exemple de ceux que nous dénommons : magistrats techniques.

Le présent chapitre a indiqué, dans les grandes lignes, la méthode à suivre pour avoir des gouvernants aptes à remplir correctement leur mandat, c'est-à-dire à respecter en tout et pour tout la volition-base de la Nation et à faire le bonheur des citoyens, autant que possible humainement.

Un gouvernement correct supprime toute discussion entre les citoyens de bonne foi; s'ensuit-il que toute plainte soit également supprimée?

Évidemment non, car les plaintes sont souvent d'origine sentimentale, et par cela même ne procèdent pas toujours de la saine logique.

Les désirs de l'homme sont illimités, alors que la somme de bonheur qui peut lui être impartie est forcément limitée.

Un gouvernement parfait ferait tout ce qui est humainement possible pour le bonheur des citoyens, mais au-dessus des possibilités humaines, il y a la force des choses, les bornes non infiniment reculables du Fatum, contre lesquelles ses efforts viendraient toujours se briser.

L'esprit des races européennes est porté à s'exagérer peut-être l'importance de la zone d'action que le Fatum laisse à la libre activité humaine; ces peuples sont enclins à se plaindre des hommes plutôt que des choses.

Au contraire, les races orientales considèrent cette zone d'action comme négligeable, enserrée qu'ils la voient, de toutes parts, par les barrières de la fatalité, qu'ils accusent seule presque en toute circonstance.

Nous pensons que la sagesse est dans le juste milieu.

L'extension que la science et le progrès peuvent donner au champ de notre liberté n'est certes pas infinie; mais elle est du moins indéfinie.

Il faut en conséquence ne jamais désespérer à priori de la liberté humaine, l'exercer jusqu'à son extrême limite, et, cette limite atteinte, se soumettre à la fatalité sans récriminer, et fiers quand même de l'effort accompli, car c'est l'effort, et non le succès, qui est en définitive le seul étalon de la valeur de l'homme.

C'est proprement ce qu'exprime l'adage vulgaire :

« Fais ce que dois, advienne que pourra. »

DEUXIÈME PARTIE

APPLICATIONS GÉNÉRALES DU CRITÉRIUM

DE LA

RAISON D'ÉTAT

AVANT-PROPOS

Les gouvernements, avons-nous vu dans la première partie de cet ouvrage, ont une seule raison d'être, et cette raison d'être est un devoir, qui consiste à favoriser dans la mesure du possible l'accomplissement de la volition-base de la Nation dont l'énoncé est :

« Nous voulons être heureux nous tous, concitoyens, fût-ce aux dépens des autres hommes. »

Les gouvernements peuvent contrevenir d'une première façon à ce devoir, s'ils attentent eux-mêmes au bonheur des citoyens souhaité par la volition nationale; ils se rendent alors coupables de *tyrannie.*

Nous avons indiqué, dans le chapitre précédent, les moyens propres à prévenir cette tyrannie en assurant dans de bonnes conditions le choix des gouvernants.

Mais, pour remplir tout son devoir, il ne suffit pas qu'un gouvernement s'abstienne d'attenter lui-même à la volition nationale; ce n'est là qu'un devoir purement passif; il a encore un ensemble de devoirs actifs destinés à assurer l'accomplissement de cette volition, et qui sont les suivants :

1° Empêcher qu'aucune atteinte ne soit portée à la volition nationale par certains nationaux malintentionnés;

2° Indiquer aux nationaux bien intentionnés, mais manquant d'instruction, le détail des moyens à employer pour accomplir la volition nationale;

3° Empêcher les atteintes à la volition nationale qui pourraient venir des étrangers;

4° Enfin ne pas faire payer ces services par un impôt trop lourd, car un service qu'on paie trop cher n'est plus un service, mais une escroquerie.

Nous allons donc examiner, dans la deuxième partie de cet ouvrage, ces différents offices de l'État, qui feront l'objet d'autant de chapitres :

L'État *répresseur ;*

L'État *éducateur et instructeur ;*

Les *rapports des nations entre elles ;*

L'État *fiscal.*

CHAPITRE VI

L'ÉTAT RÉPRESSEUR

La *répression* est cet office de l'État qui a pour but d'empêcher autant que possible que des atteintes ne soient portées à la volition-base de la Nation, du fait des nationaux malveillants.

Les citoyens, tout comme les gouvernants, sont bien évidemment susceptibles de présenter, chacun à des degrés très différents, les trois mêmes qualités, à savoir :

1° L'intelligence pour comprendre la volition nationale ;

2° L'instruction pour savoir reconnaître dans chaque cas ce qui y porte atteinte ;

3° La bienveillance pour ne pas vouloir y porter atteinte.

Pour faire un citoyen parfait, il faudrait réunir ces trois qualités au même degré que pour faire un gouvernant parfait, car il n'y a pas de degré dans la perfection, qui est un superlatif.

Par contre, pour faire un citoyen passable, il n'est pas besoin de les posséder aussi développées que pour faire un gouvernant passable.

Mais malgré cela, alors qu'avec une bonne méthode de recrutement on a des chances de trouver des gouvernants suffisants, étant donné le petit nombre relatif qui en est nécessaire, on a au contraire la *certitude* qu'on ne rencontrera jamais, chez *tous* les citoyens, les qualités du citoyen suffisant.

Il y en aura toujours chez qui une au moins des trois qualités sera à dose trop faible.

Le présent chapitre traite de ce que doit faire l'État pour remédier à l'insuffisance, chez les citoyens, de celle de ces trois qualités que nous avons nommée la bienveillance.

— Un attentat à la volition nationale commis par la malveillance d'un citoyen s'appelle un crime ou un délit.

Le crime ou le délit, c'est la tyrannie du simple particulier; comme la tyrannie, c'est le crime ou le délit du gouvernement.

Pour prévenir les délits, le législateur est amené à un subterfuge; il se dit :

Quand un homme quelconque est dans le cas de commettre un délit, de deux choses l'une :

Ou bien cet homme est doué de suffisamment d'altruisme, de bienveillance pour ne pas vouloir porter atteinte à la volition nationale; alors il se décidera de lui-même à ne pas commettre le délit.

Ou bien c'est un homme dont l'égoïsme est le mobile prépondérant et, livré à lui-même, il commettra le délit, à moins que nous ne lui fournissions justement une raison, *tirée de son égoïsme même,* qui le déterminera à s'en abstenir.

Le Code pénal n'est et ne peut être qu'une spéculation sur l'égoïsme.

Voici un gaillard qui est ainsi fait que l'égoïsme prépondère dans toutes ses décisions; imaginez, je vous prie, un moyen de l'empêcher de mal faire, autre qu'un des deux suivants :

Ou bien lui faire voir, dans la suite de son acte délictueux, un mal pour *lui-même plus grand* que le bien qu'il se promet actuellement de la perpétration de cet acte ;

Ou bien lui montrer, comme suite de son abstention du délit qu'il est tenté de commettre, un bien pour *lui-même plus grand* que celui qu'il se promet actuellement de la perpétration du délit.

Dans les deux cas, on fournit au criminel éventuel des raisons extérieures pour contrebalancer les raisons intérieures, tirées de son caractère inné [1], qui le détermineraient au crime, ces raisons extérieures étant, soit la crainte d'un châtiment, soit l'appât d'une récompense.

Seulement, comme on ne peut pas en pratique promettre des rentes ou la croix d'hon-

1. Sur l'influence relative du caractère et des raisons extérieures dans chaque résolution, voir la théorie, pas tout à fait exacte à notre sens, mais très intéressante, de Schopenhauer (*Essai sur le libre arbitre*).

neur à tout citoyen qui s'abstiendra, par exemple, de commettre un meurtre, il ne reste en fait que le premier moyen, la crainte du châtiment.

Tout cela semble évident au point d'en être prudhommesque; il s'en faut cependant que ce soit bien compris par tout le monde.

Il y a des codes qui ne se rendent pas compte, en particulier, de l'importance des mots *plus grand* dans la démonstration précédente.

Nous nous souvenons d'avoir vu, en France, condamner des organisateurs de courses de taureaux à 5 francs d'amende, après chaque spectacle, alors que leur industrie leur rapportait notoirement des bénéfices importants.

Il est pourtant bien clair que, pour que l'amende soit efficace, dans ce cas, il faut qu'elle s'élève à un chiffre supérieur au bénéfice que l'imprésario est susceptible de réaliser s'il passe outre.

Il est vrai que, sur cette question, nous nous attirâmes un jour la monumentale réponse suivante :

« L'amende est dérisoire sans doute, mais,

après tout, *on n'est pas certain* que ce soit un délit ! ! »

Qui, on? Vous, moi, c'est possible ; nous ne sommes pas des législateurs, mais que dites-vous d'un législateur qui prend sa bonne plume de Tolède et rédige un Code pénal, sans savoir au juste quels sont les délits?

Si les peines prononcées ne sont pas efficaces, il est inutile de déranger les prévenus, les juges et les gendarmes.

Plutôt que d'édicter des peines insuffisantes, l'État ferait mieux de renoncer à la fonction judiciaire, ce serait certainement moins cher, et ce ne serait pas certainement pire.

L'État pourrait en effet renoncer à cette fonction, s'il était souverain, comme on disait autrefois.

Il aurait alors des droits, en particulier celui de faire ou de ne pas faire telle chose ; mais nous avons vu qu'il n'existe pas de droit souverain ; l'État n'a que des devoirs ; tout ce qui ne lui est pas explicitement ordonné lui est défendu ; or, la prévention des atteintes portées à la volition nationale du fait des citoyens malveillants lui est ordonnée par les termes de cette volition.

Il lui est donc défendu de se désintéresser de cette prévention.

Nous venons d'ailleurs de voir (page 164) que cette prévention ne peut s'obtenir que par la crainte et l'exemple de la répression ; cette répression est donc pour l'État un devoir strict.

En ce qui concerne la fonction judiciaire de l'État, le terme *droit de punir* est absolument inexact, parce qu'il impliquerait le droit de ne pas punir; il doit être remplacé par le terme : *devoir de réprimer*.

Et de réprimer efficacement; il ne devrait pas être besoin d'ajouter cet adverbe, car il forme une tautologie; néanmoins les exemples comme celui que nous avons cité (page 165) prouvent qu'il n'est pas inutile d'appuyer sur ce point.

Pour qu'une sanction soit efficace, nous avons déjà vu qu'il faut d'abord que la peine édictée soit suffisante.

Ceci nécessite en particulier qu'une fois prononcée, elle ne puisse plus être annulée.

L'État ne doit pas gracier ni amnistier un criminel; qu'on diminue l'échelle des peines prévues, si elle est trop élevée, mais dans aucun cas on ne doit toucher à la peine après le jugement qui l'ordonne.

L'espoir, la possibilité d'une grâce ou d'une amnistie est absolument contradictoire avec l'efficacité des peines, et les gouvernements ne devraient jamais user du droit de grâce, même s'ils possédaient ce droit, ce qui n'est pas vrai d'ailleurs, car le droit de grâce, ce serait encore le droit de ne pas punir.

Le droit de gracier les condamnés ne peut se concevoir que chez un souverain absolu, comme un correctif du droit de les condamner suivant son bon plaisir; chacun de ces deux droits suppose absolument l'autre.

Du moment que ce n'est plus l'arbitraire qui commande, mais la loi, le droit de grâce, droit absolument régalien, ne peut plus être admis dans la période actuelle de la civilisation.

La suffisance de la sanction n'est pas la seule condition pour qu'elle soit efficace.

Elle doit aussi pour cela être *claire*, ce qui ne

peut s'obtenir qu'en rédigeant le code pénal d'une façon concise, et en réduisant, autant que possible, les distinctions des délits, et les variétés des peines.

Il faut que le simple citoyen sache à peu près le châtiment qui l'attend s'il commet tel délit, ce qui n'a pas lieu lorsque le code est diffus et embrouillé. Il faut que la formule : « Nul n'est censé ignorer la loi », s'approche autant que possible de la réalité au lieu de constituer, comme souvent, une ironie achevée.

La double condition que la peine soit suffisante et qu'elle soit claire, c'est-à-dire qu'il y ait peu de variétés, de gradations dans les châtiments prévus, entraîne naturellement l'institution de peines assez élevées.

Mais ceci n'est pas un inconvénient. Supposons deux codes différents :

Pour un même genre de délit, dans l'un, une peine unique, et dans l'autre une série de peines graduées, dont le maximum est égal à la peine unique du premier code.

Le premier code aura moins souvent à sévir ; la peine unique qu'il édicte sera moins souvent méritée que le maximum des peines graduées, parce qu'au moins tous ceux qui auront mérité cette peine unique du premier code l'auront fait en connaissance de cause, tandis qu'avec le deuxième code il y aura en plus tous ceux qui auront encouru le maximum en croyant n'encourir qu'une punition de degré inférieur, et qui n'auraient *peut-être pas commis* le délit s'ils avaient su ce qui les attendait.

Nous ne voulons pas dire qu'il faille proscrire toute gradation, et ne tenir nul compte, pour un délit matériellement le même, des circonstances atténuantes ou aggravantes, mais on est souvent, croyons-nous, allé trop loin dans cette voie.

Et surtout on applique souvent, pour voir si les circonstances sont aggravantes ou atténuantes, un critérium inexact parce qu'il est subjectif.

Ceci nous amène à parler de la troisième condition que doit remplir une sanction pour être efficace, et qui est l'*objectivité* de la peine.

Nous disons que la peine doit être objective, c'est-à-dire viser l'*acte* même du délit, et ses *conséquences*, et non pas l'*auteur* et les *mobiles* qui l'ont fait agir. « Cet homme a commis un crime, mais il n'est pas *méchant*, dit-on parfois en substance; nous le condamnerons donc peu ou pas du tout. »

Cette façon de juger est une grave erreur au point de vue de l'efficacité de la répression.

L'individu qui, dans l'avenir, sera tenté d'imiter un crime ne se demandera pas si le premier criminel était méchant ou non; cela, il l'ignore, même si le juge a eu la prétention, un peu outrecuidante, de le savoir; ce qu'il verra uniquement, c'est l'intensité du châtiment du premier criminel en regard du crime, et, suivant cette intensité, il se décidera ou non à le commettre à son tour.

— Cette propension à juger les prévenus sur leur degré de méchanceté présumée est la suite d'une erreur séculaire dont on n'est pas encore revenu complètement.

Cette erreur est celle qui consiste à croire que le Code pénal doit être le champion de la morale, que les prohibitions légales et les sanctions qu'elles comportent doivent être proportionnées à l'immoralité des délinquants.

Une telle façon de voir remonte certainement à la première période de la civilisation, période de confusion complète entre la métaphysique et la sociologie, où la Divinité était réputée gouverner directement les hommes.

On ne pouvait pas évidemment supposer à cette époque deux bases différentes pour les préceptes de la morale et pour les lois sociales, car leur auteur commun, la Divinité, ne pouvait se contredire.

Cette erreur n'est plus permise aujourd'hui; nous savons que l'unique raison d'être de l'État est de faire respecter et aboutir la volition-base de la Nation, et cette volition n'étant elle-même pas complètement morale, l'État ne peut se prévaloir de la morale dans aucune de ses fonctions.

Au lieu de dire :

Tel homme doit être puni parce qu'il est méchant, immoral.

Il faut dire :

Tel acte doit être réprimé parce qu'il est attentatoire au bonheur des citoyens, seul objet de la volition-base de la société nationale, la société nationale étant d'ailleurs la seule société possible.

Remarquons d'ailleurs en passant que la justice sociale, outre qu'elle n'a pas le droit de scruter les hommes au point de vue moral, n'en aurait pas la possibilité, en eût-elle le droit; le critérium de la morale est non seulement erroné, mais encore inapplicable.

Et cela parce qu'une action ou une parole ne sont par elles-mêmes ni morales ni immorales; seules une intention ou une volition peuvent posséder ces attributs, et une volition libre, émanant d'un être doué de libre arbitre; la volition d'un fou n'est ni morale ni immorale.

Si donc vous jugez les hommes suivant le critérium de la morale, vous ne devez compter pour rien leurs actes, et ne considérer que leurs intentions.

Mais les intentions échappent complètement à vos moyens d'investigation; ni les dépositions des témoins, ni vos propres renseignements et déductions ne peuvent vous amener à une connaissance certaine des intentions de l'accusé;

lui *seul* les connaît *sûrement*, et s'il ne veut pas vous les révéler, rien ne peut l'y forcer.

L'usage de la question et de la torture appliquées aux prévenus, à l'époque où on avait encore la croyance générale qu'il importait de juger les intentions, avait pour but d'arriver à les connaître par force; mais leur emploi était souvent vain, la liberté humaine, dans le domaine de la conscience, étant infinie, comme nous l'avons déjà remarqué (page 15), et pouvant aller jusqu'à l'acceptation du martyre.

Aujourd'hui on n'use plus en général de la torture; mais, tout en étant moins cruel, on est encore plus illogique si l'on continue à vouloir juger les gens d'après leurs intentions, encore plus impossibles à déterminer sans l'usage de la torture, tout aléatoire que soit cet usage.

Une conséquence à laquelle on doit arriver et on arrive en effet quand on juge d'après le critérium moral, c'est-à-dire d'après les intentions de l'auteur du délit, c'est l'acquittement des irresponsables, agissant sous l'empire de l'aliénation ou même de l'ivresse.

Faisons remarquer en passant à ce propos qu'il

n'est d'ailleurs pas logique d'assimiler l'ivresse à la démence, comme on le fait parfois; l'individu ivre est responsable de son ivresse, et par conséquent des suites qu'elle peut entraîner.

Le nier, c'est comme si on soutenait qu'une personne qui s'amuserait à lancer une armoire à glace par la fenêtre ne serait pas responsable des désagréments que la chute de ce meuble pourrait causer aux passants, et cela sous prétexte qu'elle ne l'a pas lancé en vue de faire des dégâts, mais seulement pour son amusement personnel, pas plus que l'ivrogne n'a jeté sa raison à la porte dans le but express de se mal conduire.

Quand l'agrément personnel d'un homme peut avoir des conséquences comme un meurtre, il rentre, à n'en pas douter, dans cet excès d'égoïsme à l'usage duquel les citoyens ont renoncé, du fait même qu'ils se sont mis en société.

Quant aux aliénés proprement dits, leur cas est véritablement spécial.

La théorie inexacte de la justice sociale, basée sur la morale, conduit à les acquitter parce qu'ils ne sont pas responsables.

La théorie rationnelle de la pénalité, fondée sur la volition-base de la Nation, sans demander contre eux des peines afflictives dont ils ne comprendraient pas la raison, et qui par conséquent seraient inefficaces pour les empêcher de recommencer, exige tout au moins l'internement de l'aliéné qui a commis un crime ou un délit.

On ne saurait admettre des acquittements non suivis d'internement et basés sur une demi-aliénation ou responsabilité atténuée.

Dans le peuple, qui est simpliste, chacun pourrait se dire en effet :

« Voilà un homme qui court encore après avoir commis un délit; si je le commets à mon tour, je pourrai peut-être passer aussi pour partiellement irresponsable; je ne risque pas grand'-chose à l'imiter. »

Cette question des aliénés peut susciter d'ailleurs, à bien des points de vue, des réflexions curieuses.

Un aliéné, n'ayant pas de libre arbitre, n'a pas de droit.

N'ayant pas de droit, il n'y a pas à son encontre de tyrannie possible, car la tyrannie n'est que la violation d'un droit.

L'arbitraire serait donc licite à l'égard d'un aliéné, et on pourrait par exemple tuer un aliéné supposé dangereux, comme on fait sauter à la dynamite un rocher qui menace de s'ébouler sur un village.

Cette conclusion serait exacte, si ce n'était qu'un aliéné peut toujours à la rigueur être présumé guérissable, de sorte qu'il y a en lui, sinon un libre arbitre actuel, du moins un libre arbitre en puissance, un fœtus de libre arbitre.

Dans l'aliéné, ce qu'on doit encore respecter, c'est non sa liberté passée, mais sa liberté future éventuelle.

Terminons cette digression et reprenons le cas général des délinquants doués de libre arbitre, c'est-à-dire responsables.

Avec le critérium de la morale pure, la question que le juge se pose est la suivante :

Les mobiles du délit commis étaient-ils plus ou moins coupables, plus ou moins immoraux?

De la réponse à cette question résulte l'admission ou le rejet des circonstances atténuantes.

Le critérium de la morale pure, la théorie de l'intention seule punissable ont été le plus anciennement adoptés dans l'histoire des civilisations; c'est sous l'empire de cette théorie que les lois punissaient le blasphème et aussi la lèse-majesté, quand la divinité et le souverain étaient plus ou moins confondus; il est évident que l'insulte adressée à la divinité ou au souverain ne causait aucun dommage réel à ces derniers; l'effet produit était nul, l'intention seule était punie.

Plus tard, les anomalies fréquentes auxquelles cette théorie aboutissait dans la pratique ont amené une certaine réaction, et on a remplacé parfois la théorie de l'intention seule punissable par celle qui admet que l'effet est punissable aussi, mais en ne considérant guère comme effet que le dommage causé à la victime elle-même.

L'acte commis a-t-il, gravement ou non, lésé la victime?

De la réponse à cette question résultaient ou non les circonstances atténuantes.

On peut dire que les idées en matière de critérium pénal sont jusqu'à ce jour ballottées à l'aventure entre les deux théories précédentes, la première, fausse comme nous l'avons vu, et la deuxième très incomplète, parce qu'en ne considérant que l'effet produit sur la victime, elle n'envisage qu'une partie de l'effet répercuté sur la société.

Notre critérium, celui de la volition nationale, embrasse au contraire toute l'ampleur de la question.

Avec ce critérium, la question devient :

L'acte commis est-il de nature à porter atteinte, gravement ou non, au bonheur des citoyens?

A. Dans le présent, par le fait de l'acte même?

B. Dans le futur, par le fait d'une répétition possible par le même auteur?

C. Dans le futur, par le fait d'une répétition possible par des imitateurs?

Et c'est des réponses à ces trois questions que doit résulter l'admission ou le rejet des circonstances atténuantes.

Prenons deux exemples, choisis parmi les

crimes et les délits usuels, pour bien faire saisir ce qui précède.

1er exemple. — Une femme galante est trouvée assassinée; on arrête son meurtrier, un homme de quarante ans.

Avec le critérium moral, on cherchera tout d'abord les *mobiles* du crime; si on trouve ces mobiles, on les jugera; sinon on prendra comme indices les circonstances extérieures; si la victime a été trouvée coupée en morceaux, par exemple, on fera à l'assassin une circonstance aggravante de sa férocité, et ce sera encore pis pour lui si, à la férocité, s'ajoute par exemple l'ingratitude, c'est-à-dire si on apprend que la victime avait rendu des services au meurtrier.

En un mot, chaque tare morale qu'on découvrira chez le prévenu s'ajoutera à l'immoralité intrinsèque bien évidente du meurtre et fera pencher davantage la balance de Thémis en faveur d'une condamnation qui, dans le cas qui nous occupe, pourra bien s'élever au maximum de pénalité, le deuxième critérium usuel, celui du dommage causé à la victime, étant dans ce cas complètement d'accord avec celui de la morale pour conclure à la sévérité de la punition.

Jugeons de notre côté cette affaire par l'application de notre critérium.

A. Le bonheur des citoyens est-il atteint, gravement ou non, par l'acte même?

Une femme galante, dirons-nous, n'est pas un rouage très recommandable de la société, non pas au point de vue de la morale, le législateur pénal n'ayant à connaître de la moralité en soi ni de l'assassin ni de la victime [1], mais au point de vue de l'économie politique.

Le chapitre de la consommation des richesses, en économie politique, nous apprend en effet que les femmes galantes sont un excitant aux pires modes de consommation de la richesse, au détriment des modes plus avantageux pour la société.

Le crime commis n'atteint donc pas gravement le bonheur de la société, à qui la victime était peu utile.

1. Et d'ailleurs, bien que ce ne soit pas le lieu de s'étendre sur ce sujet, remarquons qu'il y a bien de l'impropriété dans l'acception vulgaire des termes *moralité* et *immoralité* appliqués aux questions génésiques.

B. La répétition du même acte par son auteur est-elle à craindre et dans quelle mesure?

Si l'auteur du crime a quarante ans, il est allé probablement bien des fois déjà chez des femmes galantes sans les assassiner, ce qu'il sera d'ailleurs possible de vérifier; il n'est donc pas très présumable qu'il se retrouve à l'avenir dans les circonstances qui ont déterminé l'assassinat, circonstances que personne ne connait d'ailleurs (puisque personne n'y a assisté), quelle que soit la perspicacité du magistrat instructeur, qui a peut-être perdu des mois et dépensé beaucoup d'argent aux contribuables dans le but impossible à atteindre, et tout à fait oiseux du reste, de connaître les circonstances et les mobiles du crime et d'apprécier le plus ou moins de moralité de ces mobiles.

C. La répétition du même acte par des imitateurs est-elle à craindre, et dans quelle mesure?

Cet acte n'est guère possible pour la majorité des populations, à savoir les populations rurales, qui ne peuvent guère entrer incognito chez une femme galante, par la raison qu'il n'existe pas beaucoup de ces femmes dans les campagnes, et que l'incognito y est difficile à garder.

Même pour les populations urbaines, il n'est pas présumable qu'un bien grand nombre d'individus soient excités à imiter le crime actuel, car les circonstances, inconnues d'ailleurs, qui ont déterminé ce crime ne sont pas générales, puisque le criminel lui-même est resté longtemps, jusqu'à l'âge de quarante ans, sans se trouver dans ces circonstances.

Le fait d'ingratitude, s'il est relevé chez lui, doit lui-même nous être une garantie contre la grande fréquence des imitateurs, car si tout le monde a de l'égoïsme, tout le monde n'a pas la forme spéciale de l'égoïsme qui se nomme l'ingratitude.

Pour ces trois raisons, nous conclurons que le crime, ne portant pas une atteinte bien grave à la volition-base de la société, ne doit pas être très gravement puni.

2e exemple. — Un passant est arrêté la nuit, sur un chemin désert; son agresseur, après avoir tiré sur lui un ou plusieurs coups de revolver, sans l'atteindre d'ailleurs, le dépouille de tout l'argent dont il le trouve porteur, soit 0 fr. 50 seulement.

Ici le critérium de l'intention et celui du dommage causé à la victime, au lieu de concorder comme dans le cas précédent, amènent à des conclusions nettement divergentes.

Quoi de plus immoral que de tirer des coups de revolver sur son semblable?

De ce fait la peine la plus grave devrait être prononcée.

Mais, par contre, le dommage causé est presque nul; dans les idées actuelles, il y a lieu de supposer que le second critérium l'emportera ici et que la condamnation prononcée sera très faible.

Appliquons notre critérium à ce deuxième exemple.

A. Le bonheur des citoyens est-il atteint, gravement ou non, par l'acte même?

Très gravement; il n'y a rien de plus contraire au bonheur des citoyens que le risque d'être dépouillés de tout ce qu'ils portent sur eux et tués ou blessés à coups de revolver pardessus le marché.

B. La répétition du même acte par son auteur est-elle à craindre et dans quelle mesure?

Elle est à peu près certaine, si une condamnation minime ou un acquittement lui ont prouvé qu'il court peu ou pas de risques, car dès demain il retrouvera les circonstances favorables à son crime, à savoir la nuit et des passants isolés sur le chemin.

C. La répétition du même acte par des imitateurs est-elle à craindre, et dans quelle mesure?

Cette imitation est fort présumable, car la cupidité est une forme d'égoïsme plus fréquente que l'ingratitude; pour le risque d'une peine minime les amateurs ne manqueront pas, et les mêmes circonstances favorables à leurs desseins se retrouveront partout et toujours.

Nous conclurons donc que ce délit doit être très sévèrement puni pour ces trois raisons, comme portant gravement atteinte à la volition-base de la société.

— Il nous resterait, pour terminer le présent chapitre, à parler des crimes dits passionnels.

Pour ces crimes, plus encore peut-être que

pour tous autres, on est amené à des conclusions très différentes, suivant le critérium qu'on emploie pour les juger.

Si le bonheur des citoyens est toujours demandé par la volition nationale, ce bonheur peut, suivant les temps et les pays, exiger des institutions très différentes relativement aux rapports légaux des sexes, ce qui entraînera nécessairement des variations dans la forme du critérium spécial à appliquer pour juger les crimes d'origine génésique.

L'examen de ce genre de crimes ne rentre donc pas dans le sujet du présent ouvrage, où nous ne traitons que les problèmes sociologiques comportant une solution générale, c'est-à-dire identique pour tous les temps et tous les pays [1].

1. Cette prétention du présent ouvrage à la généralité n'est pas en contradiction avec les considérations historiques rétrospectives que nous sommes amenés parfois à rappeler, par exemple au chapitre Ier, la revue des quatre périodes de la civilisation.

Les croyances et les formules de ces périodes, examinées toutes quatre par nous, sont variables, mais c'est par suite d'erreur et d'ignorance; on aurait *pu* et *dû* adopter en tout temps et en tout pays la croyance et la formule de la 4e période, qui sont exactes d'une façon générale.

CHAPITRE VII

L'ÉTAT ÉDUCATEUR ET INSTRUCTEUR

L'éducation s'adresse à la volonté, et l'instruction à l'intelligence.

L'éducation, c'est l'effort pour inculquer aux hommes la troisième qualité sociale, la bienveillance; elle doit, dans ce but, se combiner avec la répression, étudiée dans le chapitre précédent.

Ici se présente une objection, relativement à l'efficacité de cet effort.

Admettre que la volonté est éducable, n'est-ce pas, du coup, nier le libre arbitre?

Un libre arbitre influencé et modifié par l'éducation est-il encore un libre arbitre?

Pour répondre à cette objection, il est nécessaire d'examiner de près, de décomposer en quelque sorte le mécanisme de la volonté.

Les trois facultés dont se compose l'âme humaine, à savoir la sensibilité, l'intelligence et la volonté, existent toutes trois ensemble dans chaque être humain, bien qu'à doses respectives très inégales suivant les individus, et l'on peut dire que toutes trois concourent à la genèse de tout acte de volonté, de toute volition.

La sensibilité fournit la *Tendance* (par exemple l'altruisme ou l'égoïsme).

L'intelligence passe cette tendance au crible du raisonnement et enfin la volonté proprement dite intervient pour prendre une décision qui, suivant le cas, peut être, par suite de l'influence du raisonnement, différente de celle qu'aurait désirée la tendance.

C'est là précisément le triomphe du libre arbitre sur les instincts.

Or, ces cas où la volonté se décide sous l'influence du raisonnement, peuvent justement être multipliés par l'éducation, dont le rôle est de fournir à l'intelligence des raisons capables d'emporter la décision de la volonté; on peut donc dire que l'éducation, sans amoindrir le moins du monde le libre arbitre, agit sur la volonté, d'une façon détournée si l'on veut, et par l'intermédiaire du rouage de l'intelligence, mais d'une façon très réelle néanmoins.

Il arrive d'ailleurs que la tendance provenant de la sensibilité, étant fréquemment combattue par les raisons de l'intelligence, finit par s'atrophier en quelque sorte, faute d'exercice, ce qui permet de dire que l'éducation a une certaine influence même sur les tendances et peut arriver à diminuer, par exemple, l'altruisme ou l'égoïsme, mais cela dans une certaine mesure seulement, bien entendu.

Un homme qui resterait toute sa vie allongé et immobile, verrait certainement ses jambes s'atrophier de plus en plus, faute d'exercice, mais jamais pourtant il ne les verrait disparaître entièrement.

De même l'égoïsme, par exemple, comprimé par l'éducation, diminue indéfiniment, mais sans jamais être complètement annulé (page 47), et c'est ce qui rend utopique l'espoir de voir les humains arriver à fonder, par l'extirpation de l'égoïsme, une société basée sur la justice absolue, tout comme serait erronée la croyance que les hommes perdraient toute trace de membres postérieurs si on les astreignait à une immobilité absolue et prolongée.

Il serait dangereux de croire à la toute-puissance de l'éducation sur les tendances sensibles, mais il serait absurde d'en dénier complètement l'action.

Cette action éducatrice, l'État doit-il la mettre en œuvre, et, si oui, pour quelles raisons?

L'homme, avons-nous dit, garde dans l'état social toute sa liberté, tous ses droits, en particulier ce droit de déterminer ses actions, soit d'après l'égoïsme, soit d'après l'altruisme, qui est l'essence même du libre arbitre, mais nous avons vu également qu'en se mettant en société, l'homme renonce volontairement au droit d'être égoïste au delà d'une certaine limite, celle précisément énoncée dans la volition sociale, celle qui consiste à admettre ses concitoyens au partage du bonheur qu'il désire pour lui-même.

L'État doit donc cultiver par l'éducation l'altruisme des citoyens de façon à ce qu'il ne reste pas chez eux en deçà de cette limite ; il doit veiller à ce que soit atteinte cette dose d'altruisme sans laquelle il n'y a pas de société nationale possible.

Doit-il veiller également à ce que cette dose ne soit pas dépassée ?

Il y a eu en effet de tout temps des peuples où l'éducation s'arrêtait à la stricte volition nationale, où, de même qu'on enseigne aux enfants à s'aimer entre concitoyens, on leur enseigne formellement à haïr les étrangers ; cela a eu lieu surtout chez les peuples à religion dénuée de prosélytisme (page 51), où la volition collective religieuse se superposait exactement à la volition nationale, et où par conséquent la loi morale ne pouvait pas différer de la loi sociale.

Nous pensons qu'il y a là une mauvaise interprétation du devoir que la volition nationale impose à l'État.

Le gouvernement doit bien gouverner les générations présentes d'après leur moralité actuelle, leur idéal actuel de bonheur (page 70), mais sans pour cela se désintéresser des générations futures, que l'on doit désirer plus altruistes, c'est-à-dire mieux éduquées.

De ce que la Nation est le type unique de la société possible, il ne s'en suit pas que la compréhensivité de ce type soit inextensible.

Au contraire, nous avons vu que l'étendue de l'unité de Nation peut s'accroître, non pas infiniment, mais indéfiniment.

Des gouvernants dignes de leur fonction, c'est-à-dire possédant en particulier à un haut degré la qualité sociale dénommée bienveillance, ne peuvent se désintéresser de cette extension future de leur Nation.

Or cette extension ne peut se faire que par extension de compréhensivité de la volition nationale, ce qui nécessite une culture dans le sens de l'augmentation de l'altruisme dans les jeunes générations.

Voilà pourquoi l'État doit être éducateur, dans le sens absolu du mot, c'est-à-dire doit s'attacher à augmenter l'altruisme des citoyens le plus possible, sans s'inquiéter de s'arrêter à la dose, difficilement vérifiable d'ailleurs, d'altruisme nécessaire à la nationalité sur sa base actuelle.

Par État éducateur, nous n'entendons pas naturellement un État qui entreprend toute l'éducation par lui-même, par ses fonctionnaires directs; la dépense en serait beaucoup trop grande, étant donné la multiplicité extrême des agents éducateurs, bien plus nombreux et plus variés que les agents instructeurs proprement dits.

Nous demandons simplement un contrôle et une surveillance, qui sont licites, puisque la volition nationale, qui est l'unique code des devoirs de l'État, est ici indirectement en jeu.

Les agents éducateurs dans un État sont les prêtres (des religions animées de l'esprit de prosélytisme), les philosophes, les instituteurs, les écrivains, les journalistes, en un mot tous ceux qui s'adressent, à un titre quelconque, à l'ensemble des citoyens.

Leur rôle est des plus nettement définis; ils doivent prêcher l'altruisme et combattre l'égoïsme, chacun selon les circonstances et selon son talent, par des exemples et des commentaires; ils doivent perpétuer le culte des hommes justes, des grands altruistes.

Les statues élevées aux hommes de bien, la pompe de leurs funérailles sont parmi les principaux moyens d'éducation des hommes.

La mission éducatrice est la fonction humaine la plus élevée; c'est bien un vrai sacerdoce, sans que l'emploi de ce terme présente aucune ironie.

Comment doit s'exercer sur les éducateurs la surveillance nécessaire de l'État?

Non point, à notre avis, par des restrictions dans leur recrutement; ce n'est pas ici comme pour l'instruction, qu'il a fallu acquérir soi-même avant de la communiquer aux autres, et dont l'acquisition ne peut être décelée que par des examens éliminatoires.

L'altruisme, que doivent posséder à haute dose les éducateurs, est une tendance naturelle.

Nous avons dit plus haut que l'ambition de gouverner ses concitoyens est un peu une présomption d'égoïsme; au contraire, l'ambition de se consacrer à leur éducation est une présomption d'altruisme.

Celui donc qui manifeste cette intention ne mérite pas l'insulte d'une méfiance préalable; l'État, bien loin de le tenir à priori en suspicion, doit encourager sa collaboration.

Mais, par contre, la responsabilité de ces hommes doit être en raison de la hauteur de leur mission, c'est-à-dire qu'en cas d'indignité constatée, il doit y avoir contre eux un délit spécial de *forfaiture*, entraînant des peines très sévères, dont on trouvera d'ailleurs facilement la nécessité en analysant leur crime au moyen du critérium suivant la méthode indiquée, c'est-à-dire en considérant l'atteinte qu'un tel crime porte à la réalisation de la volition nationale, soit par lui-même, soit par le danger de répétition ou d'imitation.

L'indignité des éducateurs, nécessitant la punition pour forfaiture, consiste à n'avoir pas prêché l'altruisme ou, à fortiori, à avoir prêché l'égoïsme, soit en paroles, soit en exemples.

Contrairement à ce qu'on croit parfois, la forfaiture en paroles, c'est-à-dire quand le maître donne de *mauvais préceptes*, est plus grave que celle en exemples, qui a lieu lorsque, tout en donnant de bons préceptes, il n'y conforme pas sa conduite personnelle.

Chez un éducateur, l'hypocrisie vaut à tout prendre mieux que le dévergondage, car l'hypocrisie est encore un hommage indirect à la morale.

Les disciples d'un maître dont les mœurs secrètes sont inférieures à la doctrine, comprennent bien que le maître sent qu'il agit mal; les notions du bien et du mal ne sont pas déplacées complètement, comme cela a lieu lorsque le maître enseigne carrément une mauvaise doctrine.

— Après l'éducation, qui est l'accomplissement de ce devoir de l'État qui a pour but la culture de la bienveillance chez les citoyens, il nous reste à examiner ce que doit faire l'État pour la culture des deux autres qualités sociales des citoyens, l'intelligence et l'instruction.

L'intelligence échappe à peu près à son action; il n'y aurait qu'un moyen de l'augmenter, la sélection; ne laisser se reproduire que les plus intelligents; mais cet expédient ne peut être imposé ; il irait directement à l'encontre de la volition-base de la Nation, par laquelle les citoyens désirent être tous heureux.

Pour éviter une tyrannie par omission, l'État tomberait dans une tyrannie active, et des plus graves.

Tout ce qu'il peut faire, et ce n'est pas grand'chose, c'est, en proposant une sorte de prime à l'intelligence, en appelant par exemple les plus intelligents aux plus hautes fonctions, de tâcher d'amener les citoyens à regarder l'intelligence comme un bonheur et à vouloir ainsi eux-mêmes la sélection dans ce sens.

La règle exposée par nous pour le choix des fonctionnaires techniques au concours, rentre dans cet ordre d'idées.

Pour l'instruction, au contraire, le champ d'action de l'État est beaucoup plus vaste et plus efficace à la fois.

Instruire les citoyens, c'est leur apprendre à se conformer dans les détails à la volition-base de la Nation.

Il y a plusieurs sorte d'instruction, comme

il y a plusieurs propositions graduées dans la volition nationale.

Il y a d'abord l'instruction primaire, qui a pour but d'apprendre aux enfants à lire et à raisonner; celle-ci ne leur apprend pas encore à être heureux; elle leur *apprend* seulement à en *apprendre* les moyens.

Elle est certes très nécessaire, mais pas du tout suffisante, contrairement à ce que beaucoup de gens se figurent encore.

Il y a une certaine doctrine professant qu'il suffit de savoir lire pour être juste et heureux, que l'école vide les prisons, etc.

Ceci est une double confusion, d'abord de l'instruction primaire avec l'instruction complète professionnelle, et ensuite de cette dernière avec l'éducation, c'est-à-dire de la culture intellectuelle avec la culture morale.

Il y a d'autres doctrines qui tombent seulement dans une de ces deux erreurs, celle qui consiste à croire l'instruction primaire suffisante pour rendre les hommes heureux, sans aller jusqu'à la proclamer suffisante pour les rendre justes.

C'est comme si l'on disait à quelqu'un : « Voici un fusil, de la poudre et du plomb ; avec cela vous avez tout ce qu'il vous faut pour manger ce soir un excellent civet à votre dîner. »

Sans doute, mais encore à la condition de rencontrer un lièvre et de ne pas le manquer avec votre fusil.

De même celui qui a l'instruction primaire est apte à être heureux, s'il rencontre un bon métier et s'il l'apprend à l'aide de cette instruction primaire qui lui est utile pour cela.

En d'autres termes, c'est l'instruction professionnelle et non l'instruction primaire qui apprend à l'homme à vivre heureux.

Il est donc du devoir de l'État de veiller à ce que cette instruction soit donnée au même degré que l'instruction primaire, car elle est au moins aussi indispensable.

La plupart des hommes qui ne peuvent trouver de travail sont ceux qui ne possèdent aucun métier, eussent-ils la meilleure instruction primaire. Avec un bon métier, au contraire, il est extrêmement rare qu'un homme n'arrive pas à gagner sa vie, quitte à changer de résidence si besoin.

Nous pensons d'ailleurs que l'instruction professionnelle doit être, lorsque c'est possible, précédée d'un certain apprentissage pratique qui seul, en faisant apparaître à l'apprenti la nécessité de l'instruction professionnelle, l'engagera à la suivre avec zèle et avec fruit.

Si l'on veut, au contraire, donner cette instruction concurremment avec l'instruction primaire ou tout de suite après, l'enfant, n'en saisissant pas la nécessité, en retirera moins de fruit, tout en y perdant plus de temps.

Quant à l'instruction générale supérieure, littéraire ou scientifique, l'État ne doit pas s'en désintéresser, sous peine de compromettre l'avenir de la Nation, mais il ne doit pas non plus y apporter le même soin, car ce n'est là, après tout, qu'un bagage de luxe, et non plus un bagage nécessaire, comme l'instruction professionnelle : *primum vivere, deinde philosophare.*

Aux genres d'instruction déjà examinés, qui apprennent à l'homme à être heureux individuellement, ne se borne pas la tâche de l'État.

Il doit encore, suivant la gradation des termes de la volition nationale, lui apprendre à partager ce bonheur avec ses concitoyens.

C'est là le but de toutes les lois en général, autres que le code criminel, et en particulier des codes civil et de commerce.

Dans le code criminel, déjà examiné au chapitre précédent, le législateur s'adresse aux citoyens qui *ne veulent pas* se conformer à la volition nationale, à ceux qui manquent de bienveillance.

Dans les autres lois au contraire, il s'adresse à ceux qui veulent bien s'y conformer, qui ont la bienveillance, mais qui manquent d'instruction, c'est-à-dire qui ignorent comment il faut faire pour s'y conformer dans chaque cas particulier.

Il faut vraiment considérer les lois comme une instruction que l'État *doit* aux citoyens de bonne volonté, et non plus comme je ne sais quels mystérieux instruments de coercition, gages et épreuves de l'obéissance qu'il aurait, en tant que souverain, le *droit* de leur imposer.

Un premier corollaire de ce point de vue

est que la justice civile doit être gratuite, à l'inverse de la justice criminelle ; puisqu'ici on s'adresse à des citoyens de bonne volonté, ils ne méritent pas qu'on les frappe d'amendes, ou de frais de justice élevés, ce qui revient au même pour eux.

Un deuxième corollaire, c'est que les codes doivent être clairs et concis pour que l'adage : « Nul n'est censé ignorer la loi » devienne autant que possible une réalité, comme nous avons eu l'occasion de la réclamer plus haut.

C'est aussi nécessaire ici que pour le code criminel, bien que pour une raison différente.

Le but unique des lois est d'instruire, d'éclairer les citoyens de bonne volonté, et non de les dérouter et de les embrouiller, ce qui arrive immanquablement avec des codes diffus.

La multiplicité des lois écrites, entraînant forcément leur contradiction au moins partielle, est néfaste à tous les points de vue.

Elle ramène purement et simplement à l'arbitraire, puisqu'on en arrive alors, dans certains cas particuliers, à pouvoir interpréter la cause dans les deux sens opposés.

Elle a encore l'inconvénient de créer une besogne factice à des fonctionnaires qui seraient inutiles avec des lois plus claires.

Il ne faut, en somme, édicter de lois écrites que celles qui ont un caractère à la fois de *pérennité* et d'*universalité*, c'est-à-dire qui sont toujours absolument nécessitées par la volition nationale et cela dans toutes les régions qui constituent la Nation.

Le système fédératif, déjà préconisé par nous, a encore ce bon résultat de permettre une réduction sensible du nombre des lois générales, par rapport à ce qui a lieu avec le système de la centralisation.

Et si l'on craint que nos conclusions présentes, en remplaçant dans beaucoup de cas les lois écrites par l'arbitraire des magistrats décisifs des divers degrés, ne soient dangereuses, rappelons que ce danger est écarté par le principe de la révocabilité à tout instant de ces magistrats décisifs, en cas d'indignité, principe que nous avons proclamé indispensable.

Nous pouvons faire ici la remarque que, dans les codes civil et commercial, nous ne retrouvons plus, comme dans le code criminel, une divergence dans l'appréciation des espèces, suivant que l'on donne comme fondement à la législation la morale en soi ou simplement la conformité à la volition nationale, ce qui est notre théorie.

Ce fait est facilement explicable.

Nous venons de dire que ces deux codes sont de simples lexiques s'adressant, pour les instruire, aux citoyens qui acceptent cette volition nationale, et expliquant ce que contiennent les termes de cette volition.

Quels sont ces termes?

Nous voulons être heureux, nous tous, concitoyens, fût-ce aux dépens des autres hommes.

Comme ces deux codes ne s'appliquent qu'aux nationaux, ne visent que les cas qui se produisent entre concitoyens, ils ne sont donc, à proprement parler, que les commentaires des mots: nous tous, concitoyens.

Or, cette partie de la volition nationale est absolument conforme à la morale en soi; c'est la dernière partie seule qui est immorale : fût-ce aux dépens des autres hommes.

Dire aux citoyens :

« Voici comment il faut procéder pour être moraux, justes, dans toutes les relations que vous aurez entre concitoyens ; »

Ou leur dire :

« Voici comment il faut procéder, dans ces mêmes relations, pour se conformer au désir que vous avez d'être heureux, mais pas aux dépens les uns des autres, »

Cela aboutit absolument au même résultat.

L'État, pas plus ici qu'ailleurs, ne peut se prévaloir en droit de la morale comme base de sa législation, mais en fait il y a concordance, en ce qui concerne les codes civil et commercial, entre cette base et celle de la volition nationale.

Et cela parce que ces codes, s'adressant aux citoyens de bonne volonté, ne doivent pas comporter de punitions, et que ce n'est qu'au moment de la punition qu'on doit prendre garde d'appliquer le vrai critérium, sous peine de faire fausse route et manquer le but poursuivi.

Nous n'avons pas voulu dire au chapitre précédent que le code criminel doit s'écarter de la morale dans ses préceptes, mais seulement dans ses sanctions, qui doivent être proportionnelles, non pas à l'immoralité des délits, mais à la gravité de l'atteinte qu'ils portent à la volition nationale.

Ce serait d'ailleurs se méprendre sur nos intentions que de nous croire adversaires absolus du critérium de la morale pure, nous professons seulement ceci, rien de plus, rien de moins :

Toutes les fois qu'il y a conflit entre le critérium moral et le critérium sociologique de la volition nationale (comme cela se produit souvent en particulier pour l'estimation des pénalités à appliquer), les magistrats doivent toujours donner le pas au second critérium sur le premier, parce que toute magistrature (juges, gouvernants, fonctionnaires quelconques) a pour unique raison d'être l'accomplissement de cette même volition nationale.

Ici s'arrête ce que nous avons à dire sur la législation, bien que nous ne soyons qu'au seuil de la question.

Nous avons montré seulement dans quel esprit général doivent être faites les lois, c'est-à-dire en se calquant toujours sur le critérium de la raison d'État, qui est l'énoncé de la volition nationale, le désir d'être heureux.

Mais nous ne sommes pas entrés dans le détail des mesures et des prescriptions légales les plus propres à rendre les citoyens heureux, pas plus que nous n'avons indiqué précédemment le genre d'instruction professionnelle à donner aux enfants dans ce but.

Et cela parce que le mode de bonheur rêvé par les citoyens dépend essentiellement des époques et des pays et présente par conséquent un caractère contingent, alors que nous n'avons voulu exposer dans le présent ouvrage que ce qui est vrai, en sociologie, d'une façon absolue, indépendamment des temps et des lieux.

Que doit faire un gouvernement pour rendre heureux les citoyens d'un pays et d'une époque donnés?

Certes, il y aurait là à ouvrir une parenthèse qui serait tout un volume, que nous écrirons peut-être un jour.

Tout ce que nous pouvons dire ici, c'est que les théories pour le bonheur social peuvent toutes se classer en deux écoles, suivant qu'elles procèdent du libertarisme ou du déterminisme, c'est-à-dire suivant que l'on admet ou non le libre arbitre humain.

Si l'homme n'a pas de libre arbitre et conséquemment pas de droits (page 48), tout son bonheur, et bonheur purement matériel, devra être recherché dans la coercition.

Ordonner aux citoyens de ne se nourrir que de brouet noir,

Défendre à certains citoyens l'accès de certaines professions,

Imposer aux produits commerciaux ou à la main-d'œuvre un prix maximum ou minimum. Toutes ces mesures portent l'estampille déterministe.

Le libertarisme, au contraire, ne montrera jamais le bonheur que dans l'exercice de la plus grande somme possible de liberté.

CHAPITRE VIII

RAPPORT DES NATIONS ENTRE ELLES

Dans le présent chapitre, nous allons examiner sommairement la façon dont le gouvernement doit se comporter pour satisfaire à la dernière partie de la volition nationale : « fût-ce aux dépens des autres hommes, » c'est-à-dire ce que doivent être les rapports des nations entre elles.

Il est évident tout d'abord qu'il ne peut y avoir à proprement parler de code de droit international.

En effet, les nations, de par leurs volitions-bases respectives, sont des êtres d'égoïsme pur, sans aucune bienveillance réciproque.

Ce n'est donc pas à elles que pourrait s'a-

12.

dresser un code du genre simplement explicatif (page 201), genre institué pour les êtres doués de bienveillance et manquant simplement d'instruction.

Seul un code du genre coercitif, un code pénal, pourrait régir l'ensemble des nations; mais nous avons vu que pour qu'un code de ce genre puisse avoir son effet, il faut que les sanctions pénales qu'il comporte soient efficaces.

Or, qui pourrait édicter des punitions efficaces contre les nations?

Personne en fait, évidemment, parce que personne n'a la puissance nécessaire pour les appliquer; mais même personne en droit, puisque, par leurs volitions-bases respectives, les nations n'ont entendu se départir en faveur les unes des autres d'aucune parcelle de leur droit d'égoïsme entier, différentes en cela des citoyens, qui y ont renoncé partiellement en faveur de leurs concitoyens [1].

1. En vain nous objectera-t-on les essais d'arbitrage entre nations, le tribunal de La Haye, etc.; ces essais ne peuvent être considérés même comme une esquisse de législation internationale, puisque l'arbitrage est facultatif et la sentence non

Gens genti lupus, aurait pu dire Hobbes avec plus de justesse que : *homo homini lupus.*

Et les rapports internationaux sont bien, en fait, comme ils doivent l'être étant donnée l'essence de la Nation, des rapports entre entités d'égoïsme pur, c'est-à-dire des rapports *complètement immoraux*[1].

Voilà ce qu'il faut avoir une bonne fois le courage d'avouer; le constater n'est pas l'approuver; nous ne disons pas qu'il est bon qu'il en soit ainsi, mais simplement qu'il en est ainsi en réalité, et qu'il en sera toujours ainsi, de par la volition nationale, qui est la seule volition-base possible pour la société, parce qu'elle est la seule humaine.

Nous rappellerons d'ailleurs que le nombre des nations distinctes peut et doit diminuer de plus en plus, par suite du progrès des sciences

sanctionnée, alors que les caractères essentiels de toute législation sont justement l'obligation et la sanction.

1. Les faits isolés d'arbitrage sont bien loin d'infirmer notre assertion que les nations sont des êtres d'égoïsme pur; quand une Nation demande ou accepte l'arbitrage, c'est toujours par égoïsme, par crainte des effets désastreux d'une guerre, même heureuse dans son issue; ce n'est jamais par sympathie pour la Nation adverse.

(page 54); il pourra n'y avoir un jour en Europe, par exemple, qu'une seule Nation, les États-Unis d'Europe, mais il y aura toujours dans le monde des nations distinctes, et leurs rapports entre elles seront toujours complètement immoraux.

Nous prions donc ici encore le lecteur de ne pas se méprendre sur le sens donné par nous au mot *licite* dans le présent chapitre; ce mot, comme précédemment d'ailleurs, ne signifiera jamais *moral*, mais bien *conforme* à la volition nationale.

Parmi les guerres, en particulier, il en existe de licites, bien que toutes soient évidemment immorales. Qu'y a-t-il en effet de plus immoral, de moins altruiste que de tirer des coups de canon sur son prochain?

Seulement, en ce qui concerne les guerres, nous devons répéter ce que nous avons dit des révolutions violentes, à savoir qu'il ne faut pas abuser de ce moyen, même quand il est licite, parce qu'on a toujours à craindre que le mal qu'il apporte aux citoyens dépasse le bien qu'on en attend pour eux.

A ce premier point de vue, les guerres les plus licites sont évidemment celles à très petits risques, c'est-à-dire justement celles qui sont les plus immorales en soi, l'écrasement du faible par le fort.

Les guerres peuvent toutes se rapporter à trois types généraux :

1° Les guerres d'affranchissement ou de défense, qu'une Nation entreprend pour conquérir ou conserver son existence nationale.

Ces guerres sont évidemment licites de par la volition nationale; la première condition pour être heureux, c'est d'exister, pour une Nation comme pour un individu.

2° Les guerres entreprises dans un but de conquêtes, sans intention d'établir après la victoire une subordination des vaincus aux vainqueurs *nation à nation*, mais simplement pour ranger les vaincus côte à côte avec les vainqueurs sous une même sujétion.

Telles furent la plupart des guerres de l'antiquité avant Rome et des guerres du moyen âge jusqu'au XVIIIe siècle.

C'est le type de la guerre monarchique, correspondant aux deuxième et troisième périodes de la civilisation (pages 7, 8) où l'on croyait que tous les rois avaient des droits souverains spéciaux, et que tous les hommes, autres que les rois, n'avaient que des droits nuls ou en tout cas inférieurs; le passage d'un sceptre à un autre ne donnait ni n'enlevait de droits, ni aux vainqueurs ni aux vaincus.

Nous avons vu que tout gouvernement qui entreprend une guerre de ce genre commet un acte de tyrannie par excès envers sa Nation, puisqu'il excède la compréhensivité de la volition nationale en voulant associer d'autres hommes aux mêmes chances de bonheur que ses nationaux.

Ces guerres ne sont donc pas licites, et pourtant, si elles sont immorales dans leurs moyens, comme toutes les guerres, elles ne le sont pas précisément dans leur but, puisqu'il n'y a pas de raison pour qu'elles apportent un mal aux vaincus, le gouvernement du conquérant n'étant pas nécessairement pire que celui qu'il a renversé.

3° Il y a enfin les guerres pour l'*Empire*,

c'est-à-dire les guerres entreprises dans un but de conquêtes, avec intention d'établir, après la victoire, une subordination des vaincus aux vainqueurs, *nation à nation*.

Tel a dû être le type des guerres de la première période de la civilisation, alors que la religion et la nationalité se superposaient exactement, et que les religions étaient dénuées d'esprit de prosélytisme.

Il s'agissait de conquérir de nouveaux sujets au Dieu national, non pas pour le connaître et l'adorer sur le même pied que les fils de la Nation, mais pour constater sa supériorité sur le Dieu du peuple vaincu en lui asservissant ce peuple qui, par voie de conséquence, se trouvait asservi également à la Nation victorieuse.

Telles furent les guerres des rois d'Assyrie et des Pharaons contre les Hébreux, à la limite de la première période de la civilisation.

Par une coïncidence curieuse au premier abord, mais au fond très logiquement explicable, ce même type de guerres reparaît dans la quatrième période de la civilisation.

Dans cette période, en effet, la divinité ne

s'immisce plus dans le gouvernement des hommes; les gouvernants n'ont plus de droit souverain spécial; il n'y a pas d'autre droit que le droit individuel, que chaque homme possède.

Et, de ce droit individuel, chaque homme abandonne une partie en faveur de ses concitoyens, mais de ses concitoyens seulement; il entend le réserver en entier vis-à-vis des citoyens des autres peuples, et par conséquent il se réserve de les asservir à sa propre Nation, si cela est possible et utile à son bonheur.

C'était là très nettement l'état d'esprit des Romains de la république, depuis l'expulsion de Tarquin, c'est-à-dire depuis leur entrée dans la quatrième période de la civilisation, dont ils ont montré un des premiers exemples bien connus historiquement.

C'est l'état d'esprit *impérial*, au sens strict du mot *imperium romanum*, usité sous la république romaine.

Le droit de cité, *civitas*, était la marque de ceux que le citoyen romain englobait dans sa volition nationale; *tous* les autres hommes étaient asservis à *tous* les citoyens, et non pas seulement aux chefs de la république et plus tard aux empereurs.

L'empereur, à l'origine, était *empereur romain* et non pas *empereur des Romains;* c'était un homme qui, au nom et pour le compte des Romains, commandait à tous les autres peuples, et non pas un homme qui commandait aux Romains.

Dans la suite, il est vrai, cette notion s'oblitéra aux époques de décadence, et la société romaine reglissa vers la troisième période de la civilisation, celle du droit souverain des princes, supérieur au droit des particuliers[1], en attendant que le moyen âge en revînt même à la deuxième période, celle où les sujets n'avaient plus de droit du tout.

Pendant tout le moyen âge, le mot empire n'avait plus du tout sa signification primitive; les empereurs germaniques étaient de simples monarques de droit divin au sens de la deuxième

1. En apparence, la société romaine reglissa même à la première période, puisque les empereurs se faisaient adorer comme dieux, mais ce ne fut jamais qu'une palinodie, non conforme aux vraies croyances et aux vraies idées du temps.

période, et toutes leurs guerres furent de celles du deuxième type, ayant pour but d'augmenter le nombre des nations cosujettes à leur gouvernement, sans qu'il y eut aucune suprématie d'une de ces nations sur les autres.

Aux temps modernes, l'état d'esprit impérial, au sens romain du mot, a revécu de bonne heure chez les Anglo-Saxons. L'asservissement de l'Irlande[1] par l'Angleterre, nation à nation, en a marqué le réveil. — Le troisième type de guerres est parfaitement licite, parce que très conforme à la volition-base, et c'est pourtant le plus immoral de tous, puisque ces guerres ont pour but d'asservir les autres nations, de les rendre malheureuses.

C'est à ce type que se rattachent les entreprises coloniales modernes, doublement licites, et parce qu'elles sont de ce type, et parce qu'elles sont à petits risques.

Mais il ne faut pas, pour démontrer qu'elles

1. Les Anglais et les Écossais se donnent mutuellement le droit de cité, s'englobent dans une même volition nationale, en dehors de laquelle les Irlandais demeurent. Ceci nous montre en passant encore une confirmation que ce qui constitue la Nation, c'est uniquement l'unité de volonté.

sont licites, avoir recours à l'allégation mensongère et hypocrite qui consiste à représenter les entreprises coloniales comme faites dans un but d'humanité et en vue du bonheur des peuples indigènes, en un mot, à vouloir les faire passer pour morales.

Même si les nations colonisatrices voulaient sincèrement le bonheur des indigènes, elles seraient inaptes à le réaliser.

En quoi les Européens peuvent-ils connaître le genre de bonheur social rêvé par les sauvages de l'Océanie? Le bonheur social est suivant un idéal qui varie avec les temps et les pays, et en tout cas il ne peut être réalisé pour une Nation que par le libre exercice de sa volition nationale, et jamais par la coercition étrangère.

Mais en fait les nations colonisatrices ne veulent nullement le bonheur des indigènes, et si elles l'avouent, si elles se placent uniquement au point de vue de leur égoïsme national pur, on ne peut leur faire aucun reproche d'entreprendre ces conquêtes, parfaitement conformes à la troisième partie de la volition nationale.

Cette même hypocrisie se retrouve d'ailleurs aujourd'hui dans la plupart des guerres entreprises.

Celles du deuxième type, guerres de conquêtes dans un simple but de cosujétion, deviennent certainement plus rares, mais, quand elles ont lieu, elles tendent de plus en plus à se dissimuler sous le masque du premier type, guerres d'affranchissement.

A écouter celui qui part en guerre, il s'agit toujours d'affranchir une Nation ou une partie de nation ; ce prétexte a été invoqué, quelquefois justement d'ailleurs, dans presque toutes les guerres du XIXe siècle, qui se réclamaient constamment du principe des nationalités.

Preuve que l'humanité en arrive à la connaissance plus nette de ce principe, que nous avons admis dans le présent ouvrage comme base réelle de la société.

Et nous trouvons une confirmation *a posteriori* non négligeable de nos déductions dans ce fait que les types de guerres non conformes à notre théorie vont en diminuant de fréquence et en arrivent, quand elles se produisent encore, à se dissimuler sous l'étiquette des guerres qui y sont conformes, alors que ces dernières vont au contraire en se multipliant, et cela surtout sous la forme des expéditions coloniales qui est, nous venons de le voir, doublement conforme à notre théorie.

Nous nous arrêtons ici pour relever une objection qui certainement a dû se présenter à l'esprit du lecteur au cours du présent chapitre.

« Vous considérez certaines guerres comme licites dans leur but, nous dira-t-on, mais n'y a-t-il pas toujours tyrannie dans les moyens employés? Dans toute guerre, il y a mort d'hommes; n'est-ce donc pas une tyrannie par défaut (page 65) que d'exposer certains citoyens à être tués? »

« N'en est-ce pas même une que de les retenir un certain nombre d'années dans les casernes, en vue de les préparer à la guerre? »

Pour répondre à cette objection, il faut distinguer entre les armées défensives et les armées offensives.

La mort, l'anéantissement de l'être est évidemment ce qu'il y a de plus contraire au bonheur souhaité par la volition des citoyens; mais ceci est vrai aussi bien pour la mort de l'entité nationale, de l'être Nation, que pour celle de l'entité individuelle, de l'être humain.

Les bons citoyens, ceux qui sont suffisamment altruistes pour accepter bien sincèrement et en toute connaissance de cause les termes de la volition nationale, attachent plus de prix à maintenir l'existence de la Nation que leur existence individuelle, parce qu'ils sentent qu'une Nation est un être plus important qu'un individu, de même qu'un bon père de famille donnera parfois sa vie pour sauver ses enfants, parce qu'il sent que le maintien de l'espèce importe plus que le maintien de l'individu.

Acceptant ainsi de sacrifier sa vie sur les champs de bataille, le bon citoyen acceptera, à plus forte raison, de passer à la caserne le temps nécessaire pour qu'on lui enseigne à rendre fructueux ce sacrifice éventuel.

Mais le raisonnement qui précède n'est exact que pour la préparation aux guerres du premier type, guerres d'affranchissement ou de défense, où la vie même de la Nation est en jeu.

Pour les guerres du troisième type, guerres pour l'empire, nous les avons reconnues licites également à condition qu'elles réussissent, et par ce mot nous entendons que non seulement elles apportent un avantage au pays, mais aussi que cet avantage soit plus considérable que les dommages qu'elles causent[1].

Mais pour apporter un avantage même réel au pays, on ne peut plus du tout demander aux citoyens de sacrifier leur vie, comme on le leur demande pour recouvrer ou conserver l'existence nationale.

Il s'ensuit que les guerres du troisième type ne doivent être entreprises qu'avec des volontaires et des mercenaires.

Ceci est une règle absolue, et qu'on ne nous objecte pas qu'il sera parfois impossible de trouver des volontaires et des mercenaires en nombre suffisant; nous répondrons que, dans ce cas, cela prouve que la Nation n'a pas l'état

1. Cette remarque est moins naïve qu'elle ne le paraît. Pour bien des guerres coloniales par exemple, on dresse un bilan inexact parce qu'incomplet, qui, à côté des avantages réels, ne mentionne pas des inconvénients plus importants encore.

d'esprit impérial, générateur des guerres licites du troisième type (page 216), et alors les gouvernants devront s'interdire ces guerres, se rappelant qu'ils doivent gouverner la Nation suivant son idéal actuel de bonheur (page 70).

En dehors de la question des guerres, que nous venons d'examiner, quelle est la règle de conduite qu'un gouvernement doit s'imposer dans sa politique extérieure pour se conformer pendant la paix et en tout temps à la volition-base de sa Nation ?

Nous répondrons à cela que la paix n'existe pas et que les nations sont toujours en guerre, de par la dernière partie de leur volition-base respective : « fût-ce aux dépens des autres hommes ».

Quand ce ne sont pas les armes de vos voisins qui vous menacent, ce sont ses immigrants ou ses produits commerciaux.

Dans cette lutte non armée, les règles à suivre sont les mêmes que pour les luttes armées.

Quand on est attaqué, il est licite de se défendre ; c'est une guerre du premier type.

Si on n'est pas attaqué, il est licite d'attaquer son voisin, pourvu que ce soit une guerre du troisième type, faite dans le but de gagner quelque chose sur lui.

Dans les luttes pacifiques de l'industrie et du commerce, tout comme dans les luttes armées, quand le but visé est d'une utilité certaine pour un pays, l'opportunité de l'attaque n'a de limites que le risque de la défaite.

Or, comme on estime souvent les dommages possibles d'une défaite par les armes plus considérables que ceux d'une défaite commerciale (quelquefois à tort d'ailleurs, mais souvent avec raison), on préfère souvent la lutte commerciale, par égoïsme national.

C'est donc par égoïsme national, égoïsme de mieux en mieux entendu à mesure que la Nation est de plus en plus consciente de sa vraie essence, qu'on en arrive à préférer les luttes pacifiques; ce sont ces luttes qui font que les citoyens des diverses nations arrivent à se connaître, et se connaître c'est, comme nous l'avons vu (page 54), le seul moyen d'arriver peu à peu à étendre la volition nationale à un plus grand nombre d'individus, c'est-à-dire à en augmenter la partie altruiste aux dépens de la partie égoïste.

Par là nous voyons que, avoir le courage de reconnaître avec nous que la vraie base de la société est indépendante de la morale et que les nations sont des êtres d'égoïsme pur, ce n'est pas du tout conclure qu'on doive désespérer de voir l'humanité devenir plus morale et, en particulier, les guerres diminuer de fréquence.

Tout ce que nous venons d'exposer montre au contraire que cette conception exacte de la société nationale, nouvelle lance d'Achille, guérit elle-même les blessures qu'elle a faites et, malgré le pessimisme apparent de son point de départ, conduit à reconnaître la course automatique de l'humanité vers un mieux moral, étant bien entendu que cette course est asymptotique et non tangente au bien absolu (page 46), par suite de l'impossibilité d'extirper l'égoïsme humain dont la coexistence avec l'altruisme est l'essence même du libre arbitre.

CHAPITRE IX

L'ÉTAT FISCAL

Pour que l'État soit en mesure de remplir l'ensemble des devoirs nationaux et internationaux énumérés précédemment, il lui faut des moyens d'action, et en premier lieu de l'argent.

Cet argent il peut, soit le demander à ses nationaux, soit, lorsque c'est possible, le prélever sur les étrangers.

Le gouvernement qui, en matière fiscale, ne se conforme pas à la volition-base de la Nation, commet une tyrannie appelée *Exaction*.

L'exaction est une des tyrannies les plus fréquentes, parce que c'est à la fois une des plus profitables à ses auteurs et une des plus faciles à dissimuler sous le masque des besoins réels du bien public.

C'est une de celles dont le peuple se méfie le plus, parce que la bourse est un endroit fort sensible chez le contribuable, et c'est en même temps une de celles dont il se défend le moins facilement, parce qu'il manque de la compétence nécessaire pour juger de l'utilité de telle ou telle dépense, et reconnaître par conséquent s'il y a ou non exaction.

Étant une des tyrannies les plus sensibles aux citoyens, c'est une des causes les plus fréquentes des révolutions.

Étant une de celles les plus difficiles à constater réellement, à cause du manque de compétence du peuple, elle risque tout particulièrement d'amener des révolutions injustifiées, dont le résultat presque invariable (page 81) est une augmentation de tyrannie.

On voit par là l'importance toute spéciale qu'il y a, en matières fiscales, à posséder et à appliquer le critérium de la raison d'État.

— La tyrannie exaction peut être *totale* ou *partielle*.

Elle peut se manifester soit dans la *source*, soit dans l'*emploi* de l'argent.

1° L'exaction est *totale dans la source* quand on demande trop d'argent aux contribuables.

2° Elle est *partielle dans la source* quand c'est la répartition de l'impôt, ce qu'on appelle son assiette, qui est défectueuse.

3° Elle est *partielle dans l'emploi* quand les dépenses de l'État sont mal réglées ou mal proportionnées entre elles, et pas en rapport avec leurs utilités respectives.

4° Elle est *totale dans l'emploi* quand l'État fait trop de dépenses.

L'exaction totale dans l'emploi implique nécessairement l'exaction totale dans la source, quand il s'agit de contributions puisées dans le sein de la Nation.

— Nous répétons ici que nous écrivons dans le sens de la théorie libertaire.

Il n'y a pas de tyrannie exaction possible avec la théorie déterministe qui, elle, aboutit au contraire logiquement au collectivisme intégral, c'est-à-dire à demander comme impôt la *totalité* des ressources des citoyens.

D'après le déterminisme, les citoyens n'ayant pas de libre arbitre n'ont aussi *aucune* compétence pour reconnaître les moyens d'être heureux.

Le libre arbitre en effet est la faculté de se décider soi-même entre plusieurs partis à prendre.

La compétence est celle de *bien* se décider; donc, sans libre arbitre, pas de compétence *a fortiori*.

Les citoyens n'ayant pas de libre arbitre ni de compétence [1], il s'ensuit logiquement qu'il n'y aurait aucune société possible, si l'on ne prenait un faux-fuyant, dont la maladresse seule suffirait à condamner la théorie déterministe de la société, et qui consiste à attribuer ce libre arbitre et cette compétence à la collectivité, à l'État [2]??

L'État donc possède une liberté, un droit et le particulier non; le rapport d'une quantité finie à zéro, c'est l'infini.

Le droit de l'État est donc infini par rapport à

1. Ceci est l'erreur inverse de celle de J.-J. Rousseau, qui attribue aux concitoyens trop de compétence (page 75).

2. C'est vouloir arriver à un total positif avec une somme de quantités nulles : rien + rien +.....+ rien = quelque chose.

celui de l'individu, c'est-à-dire que nous retombons aux croyances de la deuxième période de la civilisation (page 7), le droit infini (divin) de l'État et le droit civique nul.

Sous la forme moderne de cette théorie, qui est le collectivisme, le droit de l'État, pour n'être plus divin, n'en reste pas moins, par définition, infini ; mais à ce droit infini on superpose, contrairement à ce qui se passait pour la Monarchie de droit divin, un devoir infini [1], c'est-à-dire que l'État doit se charger intégralement d'organiser le bonheur des citoyens dans tous les détails, ceux-ci n'ayant aucune compétence pour le réaliser eux-mêmes.

Ayant *totalement* à sa charge le bonheur de chaque citoyen, il doit évidemment revendiquer comme moyens d'action la *totalité* des ressources du pays.

Les termes de déterminisme et de collectivisme sont, on le voit, en partie synonymes.

1. Ce qui est encore une nouvelle anomalie. Un droit infini ne peut comporter un devoir, non seulement infini, mais même quelconque. Le devoir, c'est le droit d'autrui. A peuple sans droit, gouvernement sans devoir.

Un déterministe est forcément monarchiste de droit divin ou collectiviste.

Un collectiviste est forcément déterministe. — Un libertariste ne peut absolument pas être collectiviste, car si l'homme est libre, il a le droit absolu soit de garder, soit de donner le produit de son travail; l'État, qui n'a aucun droit, ne peut prétendre qu'à la part de ce produit que l'homme *veut* bien lui donner, et l'homme ne *veut pas* lui donner le tout parce qu'ayant son libre arbitre, il a également *une certaine* compétence pour son propre bonheur. Il *veut* donc *agir proprio motu,* dans une certaine limite, en vue de ce bonheur, et il *veut* pour cela garder des *moyens d'action* personnels, c'est-à-dire une partie de ses ressources, du produit de son travail.

S'il en donne de son propre gré une partie à l'État, c'est pour augmenter son bonheur par le recul artificiel des limites qu'impose le Fatum à sa liberté (page 16) ; c'est donc qu'il cherche ce bonheur dans une *augmentation* de sa liberté, et non pas dans sa *restriction,* comme il le ferait s'il s'en remettait à l'État pour la réalisation de ce bonheur dans tous les détails, et qu'il entend garder pour lui l'exercice de sa liberté, tout au moins en deçà des limites naturelles du Fatum.

Cette parenthèse fermée, revenons à l'examen du système fiscal, tel qu'il découle de notre théorie libertariste, c'est-à-dire en admettant que l'homme jouisse de son libre arbitre, limité seulement par le Fatum.

Nous avons vu que l'exaction totale dans l'emploi des ressources du budget implique l'exaction totale dans la source.

On doit donc toujours établir le budget sur le montant des dépenses vraiment nécessaires. Ce montant doit tenir compte des temps, des lieux et des circonstances.

Un gouvernement dictatorial pourra, par exemple, toutes choses égales d'ailleurs, avoir un budget plus élevé qu'une monarchie, et le budget de celle-ci pourra à son tour être plus élevé que celui d'une république.

Ceci découle immédiatement de la genèse respective de ces trois formes de gouvernement (pages 99 à 102) ; plus en effet les citoyens ont l'intention d'accorder de pouvoirs au gouvernement, plus ils doivent lui donner de moyens d'action, et en particulier de subsides.

Une fois le montant des dépenses nécessaires établi, on doit régler les recettes, c'est-à-dire les impôts, en conséquence.

Cette règle semble de la dernière évidence, mais pourtant on commet souvent la faute de procéder inversement :

« Prenons toujours tout l'argent que les citoyens voudront bien nous donner sans trop se plaindre, se dit le gouvernement ; nous en trouverons toujours l'emploi ensuite. »

Raisonner ainsi, c'est croire que le gouvernement peut, à son gré, prélever plus ou moins d'impôts, c'est-à-dire qu'il a le pouvoir de faire quelque chose sans y être tenu, sans que ce pouvoir soit en même temps un devoir.

C'est là une première erreur, bien des fois réfutée par nous dans le cours de cet ouvrage ; c'est de plus un acte de tyrannie par exaction totale, à la fois dans la source et dans l'emploi des contributions.

Cette façon de procéder a encore le plus généralement pour résultat d'aboutir à l'entretien d'un nombre trop grand de fonctionnaires, et nous avons montré (page 66) que l'excès du fonctionnarisme est toujours une tyrannie partielle par défaut, susceptible d'engendrer même une tyrannie totale.

Saisissons l'occasion de faire observer que nous ne visons pas les abus, c'est-à-dire les tyrannies particulières possibles des fonctionnaires, mais bien l'usage, c'est-à-dire le fait seul d'avoir des fonctionnaires en excès; nous condamnons cet excès, même avec des fonctionnaires personnellement honnêtes et capables, comme cela a lieu dans la majorité des cas.

La règle énoncée ci-dessus, à savoir qu'il faut baser les impôts sur les dépenses nécessaires, est à peu près la seule qu'on puisse établir relativement au total des dépenses de l'État.

Quant à la façon dont les diverses dépenses doivent être proportionnées entre elles pour éviter l'exaction partielle dans l'emploi, on ne peut établir aucune règle générale.

Les dépenses militaires par exemple, et nous entendons ici les dépenses militaires vraiment nécessaires, peuvent varier du simple au centuple, suivant les temps et les pays.

L'application du critérium de la raison d'État devra se faire dans chaque cas particulier.

Mais, par contre, on peut donner certaines règles d'ensemble sur la façon d'éviter les exactions partielles dans la source, c'est-à-dire sur la manière dont l'assiette de l'impôt doit être établie.

Le moyen de se procurer des ressources le plus conforme à la volition nationale, c'est évidemment de les prélever sur les étrangers, toutes les fois que c'est possible.

Rentrent dans cet ordre d'idées les droits de douanes dans le cas où ils frappent l'importation de matières qui, après avoir été ouvrées dans le pays, sont réexportées.

De même les droits sur les marchandises à l'exportation.

Mais si ces droits sont très licites, parce que très conformes à la troisième partie de la volition nationale, ils ne sont pas toujours applicables en pratique, parce que l'étranger vous rendra naturellement la pareille et il peut venir un moment où, dans cet échange de tarifs, vous ne serez pas le bon marchand.

Une autre manière de prélever l'argent sur les étrangers consiste dans ce qu'on pourrait nommer l'impôt impérial, ou régalien, frappé par une nation sur une autre nation qui lui est soumise; cet impôt est évidemment une exaction sur la nation vassale, mais il se trouve conforme à la troisième partie de la volition-base de la nation régale.

Il est immoral, mais licite néanmoins puisque les relations internationales sont régies par l'égoïsme et par conséquent immorales.

Mais l'impôt régalien n'est pas souvent possible et, en fait, les nations sont obligées, dans la grande généralité des cas, de prélever des impôts sur leurs propres citoyens pour alimenter leurs budgets.

Parmi ces dernières ressources, la plus conforme à la volition nationale, c'est évidemment l'*amende* frappant les faits délictueux, car c'est un impôt qui frappe les individus qui ne veulent pas se conformer à la volition nationale.

Le gouvernement, qui n'est en place que

pour s'y conformer, et empêcher quiconque d'y porter atteinte, a, nous l'avons vu, non pas le droit, mais bien le devoir de punir ces individus, et, nous l'avons vu également, toute punition doit être efficace.

Or, rien de plus efficace que l'amende; en frappant de cette façon les criminels et les délinquants, le gouvernement fait donc d'une pierre deux coups : il remplit à la fois son devoir et sa caisse.

Les lois anglaises ont obtenu, croyons-nous, d'excellents résultats dans cette voie.

Il n'est pas du tout certain qu'on ne puisse pas arriver, dans certains pays, à suffire à l'alimentation du budget au moyen des seules amendes pénales, en étudiant bien la question.

Ceux qui pensent le contraire sont imbus à leur insu du principe sacro-saint d'après lequel le nombre des fonctionnaires ne doit jamais être diminué, mais seulement augmenté.

En réalité, s'il y a peu d'amendes versées au Trésor, c'est qu'il y a peu de délits, alors les fonctionnaires ont peu de besogne et leur nombre peut être diminué.

S'il y a beaucoup de délits, il y aura beaucoup d'amendes et on pourra entretenir davantage de fonctionnaires, vu l'augmentation de la besogne.

« Mais, dira-t-on, les fonctionnaires de l'ordre judiciaire ne forment pas la totalité de ceux qui sont nécessaires. »

Ils en forment au moins la grosse majorité ; si l'on examine les choses de près et sans parti pris, on est étonné du petit nombre de fonctionnaires qui seraient réellement indispensables dans les autres branches de ce qu'on nomme l'Administration.

Quoi qu'il en soit, il semble du moins que si l'on ne considère que l'administration judiciaire, cette administration prise isolément devrait, sinon rapporter à l'État (et ce serait le mieux), tout au moins ne pas coûter les sommes énormes qu'elle coûte parfois.

Lorsque la dépense annuelle par tête de prisonnier atteint 2.000 francs, comme nous croyons l'avoir lu en ce qui concerne la France, il y a évidemment tyrannie par défaut au profit des malfaiteurs et aux dépens des honnêtes gens, sur qui est prélevée cette dépense, ce qui est la pire des tyrannies par défaut.

« — Avec le système des amendes pénales, dira-t-on, la justice sera portée à poursuivre surtout les coupables riches. »

C'est vrai, mais qui oserait affirmer qu'en l'état actuel elle n'est pas plutôt portée à poursuivre les coupables pauvres?

Pour voler impunément, il faut voler beaucoup, dit un adage banal à force d'être vrai.

Et cela parce qu'on se rend bien compte de l'inefficacité des amendes dérisoirement minimes édictées contre un coupable riche ; on aime autant le laisser tranquille.

Entre les deux extrêmes, il serait encore plus logique que la justice fût portée surtout à poursuivre les coupables riches, car ceux-ci sont doublement coupables, du fait de leur richesse qui aurait dû les prémunir contre la tentation.

« Et envers les délinquants insolvables, pourrait-on dire encore, comment le fisc procédera-t-il pour recouvrer les amendes? »

Mais il se paiera en nature, en journées de travail; ce sera la peine des travaux forcés *réels,* et non plus illusoires.

Ici nous rencontrons l'objection classique de la concurrence faite par la main-d'œuvre pénale à la main-d'œuvre libre.

Nous répondrons d'abord que cette concurrence ne sera pas gênante si l'État vend les produits de l'industrie pénale à des prix aussi élevés que ceux de l'industrie libre, ce qu'il aura tout intérêt à faire pour augmenter les recettes du fisc.

Et puis enfin, il faut considérer la main-d'œuvre pénale comme un impôt, et même un impôt moins onéreux que beaucoup d'autres, puisqu'il y a un rouage de moins, celui de la perception.

Tout impôt est certes un peu gênant pour une ou plusieurs industries, mais ce n'est encore rien, comme préjudice porté à l'industrie libre, à côté de ce qu'on nomme les *Monopoles* de l'État, et on supporte souvent, en fait, plusieurs de ces monopoles, dont quelques-uns sont même licites en droit.

Il y a, en effet, trois sortes de monopoles :

1° Les monopoles purement *tutélaires,* c'est-à-dire institués dans l'intérêt des citoyens pour leur donner certaines garanties, par exemple le monopole des médecins et des pharmaciens.

2° Les monopoles de nature *mixte*, à la fois tutélaires et fiscaux, comme les monopoles des notaires et des avoués, qui ont à la fois pour but de donner certaines garanties aux citoyens et d'assurer la perception de certaines taxes.

Également dans cette classe se range le monopole de l'alcool, prétendûment moins nocif quand il est fabriqué par l'État.

3° Enfin les monopoles purement *fiscaux*, par exemple le tabac, le sel, les postes et télégraphes, ayant uniquement pour but de créer des recettes au Trésor.

Les monopoles fiscaux sont des impôts de consommation ou de circulation, et ce sont les plus lourds de tous; comme tels, nous verrons plus loin (page 251) qu'ils sont illicites et tyranniques le plus souvent.

Les monopoles tutélaires, par contre, peuvent être licites dans bien des cas; il faut, pour le reconnaître, appliquer dans chaque cas particulier le critérium de la raison d'État; mais c'est là, entre toutes, une question où, en appliquant ce critérium, il est nécessaire de se rappeler que l'idéal de bonheur des hommes change avec les temps et les pays, sous peine de rester dans la routine.

Nous venons d'examiner successivement les moyens fiscaux les plus conformes à la volition nationale, c'est-à-dire ceux qui consistent à prélever les impôts sur les étrangers et sur les nationaux malveillants envers cette volition.

Mais nous admettons que dans bien des pays, ceux particulièrement où sont lourdes les charges militaires (qui ne sont pas proportionnelles au nombre des délits), on ne puisse pas faire face aux nécessités du budget avec l'unique produit des impôts déjà proposés.

Il faut alors se résoudre à demander de l'argent même aux nationaux bienveillants envers la volition nationale.

Ce qui serait le mieux, dans cet ordre d'idées, ce serait l'impôt volontaire, c'est-à-dire chaque citoyen donnant de son plein gré à l'État ce qu'il estime être superflu sur ses ressources personnelles.

En dehors de certaines périodes exceptionnelles, de certaines catastrophes, de certaines crises qui surexcitent passagèrement le sentiment national, on ne peut faire aucun fonds sur ce moyen.

Chaque citoyen donnerait une somme trop minime; et ceci prouve une fois de plus qu'à l'inverse de ce que croient les collectivistes (page 232), le citoyen n'a pas l'intention de s'en remettre aux soins de l'État pour une partie bien considérable de son bonheur, et qu'il entend au contraire en poursuivre, somme toute, la presque totalité par l'exercice de son activité libre personnelle.

Ce n'est pas à dire que l'impôt volontaire ne puisse participer au budget sous certaines formes concrètes, par exemple sous la forme d'impôt sur les décorations et sur les titres nobiliaires.

La vente pure et simple de ces décorations et de ces titres par l'État, à condition bien entendu qu'ils soient purement décoratifs et ne confèrent aucune fonction, est loin d'être illicite.

Un tel impôt est en effet volontaire au premier

chef, et de plus il atteint une classe de citoyens qui ne sont peut-être par les plus recommandables, car la vanité est une présomption d'égoïsme, et l'égoïsme est lui-même une présomption de bienveillance insuffisante envers la volition nationale.

Les aspirants aux titres et décorations se rencontreront surtout parmi ces gens, non pas certes délinquants, mais légèrement suspects, que nous avons visés au chapitre v (page 127) et qui dans le système social proposé par nous seraient à peu près exclus, non en droit mais en fait, des fonctions publiques.

La vente des titres et décorations apporterait à l'ambition de cette classe d'hommes un dérivatif qui leur serait agréable, et qui en même temps serait profitable au reste des citoyens.

On cite souvent, comme un autre exemple d'impôt volontaire, les taxes sur les jeux de hasard.

Impôt volontaire soit, mais pas forcément licite pour cela; cela dépend des temps et des pays.

La vente des titres ne peut causer aucun

dommage à ceux qui les achètent; il n'en est pas toujours de même de la pratique des jeux de hasard.

Il y a bien des choses que les citoyens font volontairement et que les gouvernants ne doivent pas encourager, ou doivent même prohiber, non pas bien entendu en vertu d'un droit, mais en vertu de cette compétence supérieure (cause unique de leur élévation), qui leur permet de reconnaître mieux que le peuple lui-même ce qui est bon ou mauvais pour atteindre le bonheur, seul objet de la volition nationale.

— Mais enfin, quoi qu'il en soit, l'impôt volontaire serait toujours d'un produit minime, et nous ne pouvons nous dispenser d'aborder la question des impôts involontaires à prélever sur la masse de la Nation, c'est-à-dire sur les citoyens non délinquants.

Dans ce qui va suivre, nous prendrons le mot *richesse* au sens le plus général, c'est-à-dire utilité, chose utile, chose quelconque dont l'usage ou la consommation est capable d'engendrer du bonheur.

La richesse peut être suivie sous quatre avatars, au moment de sa *production,* de sa *circulation,* de sa *répartition* et de sa *consommation.*

Sur la production de la richesse, l'impôt ne peut exister en réalité; l'impôt foncier est un trompe-l'œil; pour ne pas avoir l'air de frapper toujours sur le consommateur, on impose en apparence les propriétaires des habitations, du sol, des usines, etc., mais en réalité c'est le locataire, c'est celui qui consomme les produits de l'agriculture et de l'industrie qui paie cet impôt.

Les impôts sur la circulation et la répartition existent, mais sont d'une importance secondaire dans les systèmes fiscaux les plus usités.

On peut dire que l'impôt actuel prépondérant est celui sur la consommation, qui comprend, outre les pseudo-impôts de production, les octrois, les contributions indirectes, les monopoles, etc., et les droits de douane, à la seule exception de ceux qui frappent des matières venant simplement se faire ouvrer dans le pays pour être ensuite réexportées; dans tous les autres cas, en effet, c'est le consommateur national qui paie le droit de douane.

— D'une façon générale, en examinant la plupart des systèmes fiscaux usités, on est frappé de ce fait que la considération qui paraît avoir guidé l'établissement de l'assiette des impôts est la facilité de perception, bien plutôt que la justice ou la logique.

Et ceci est encore un vestige de l'idée de souveraineté considérée comme base de l'état social; le souverain, sous-entend-on, a des droits en propre; il a en particulier celui de lever l'impôt; il le fait de la manière qui lui est la plus commode; les sujets n'ont qu'à payer et à se taire.

La persistance de cette erreur de principe est d'autant plus singulière ici qu'en fait la bourse étant, nous l'avons dit, un endroit fort sensible, le droit de lever les impôts à merci a été un des premiers contestés au souverain.

La votation des subsides a été un des plus anciens offices des parlements, considérés comme représentants du peuple, lorsqu'au commencement de la *troisième* période de la civilisation on a admis l'existence de certains droits civiques chez les sujets, concurremment avec le droit régal du souverain.

Il était naturel, en effet, que la quotité et la répartition des impôts fussent *débattues* entre les titulaires de ces deux droits, considérés alors comme coexistants.

Aujourd'hui où nous ne reconnaissons plus que l'existence d'un seul droit, celui des citoyens, le budget, non plus qu'aucune autre loi d'ailleurs, n'a besoin d'être *débattu.* Il doit être établi, dans les gouvernements de chaque degré, par les magistrats décisifs élus, sous garantie de la triple condition, bien des fois exprimée, que ces magistrats soient élus correctement, qu'ils soient assistés par des magistrats techniques consultatifs non élus, et qu'ils soient révocables par leurs mandants en cas d'indignité constatée.

La facilité de perception a donc maintenu, disions-nous, l'usage d'appuyer surtout sur les impôts de consommation.

Certains économistes, comprenant plus ou moins confusément l'inanité de ce point de départ, et en tout cas remarquant l'illogisme de ses conséquences, aboutissent à un ordre d'idées radicalement différent.

Ils considèrent avec juste raison qu'imposer, comme on le fait, la consommation des objets de première nécessité, c'est frapper surtout les plus pauvres, c'est proprement demander l'argent à ceux qui n'en ont pas, et ils trouvent plus juste de demander l'argent à ceux qui en ont.

Ils proposent donc comme plus équitable l'impôt sur le capital, l'impôt de répartition à la place de celui de consommation.

Il y a du vrai dans leur raisonnement, mais ils se trompent néanmoins sur deux points :

1° Il ne serait pas *juste* non plus de frapper le capital uniquement parce qu'il est le capital, sans tenir compte de son mode d'origine ni de son mode d'emploi ;

2° La *justice*, la morale en soi, ainsi que nous l'avons vu, n'a rien à voir avec le vrai fondement de la Société, et l'État ne peut s'autoriser de la morale dans aucun de ses actes.

A notre tour, appliquons à ces questions le vrai critérium social, à savoir celui de la volition-base de la Nation.

Nous verrons d'abord que la *production* ne doit pas être imposée, sous peine d'aller contre les termes de cette volition, contre le bonheur des citoyens, car toute richesse créée est un élément possible de bonheur national, un bonheur en puissance.

Les impôts sur la production seraient donc illicites, même s'ils n'étaient pas illusoires.

On ne doit pas frapper non plus la *circulation* ni la *répartition* des richesses, qui sont indispensables pour dégager le bonheur en action du bonheur en puissance.

Reste enfin la *consommation*, qui est justement la mise en action du bonheur. Elle est, en principe, conforme à la première partie de la volition nationale :

« Nous voulons être heureux... »

On ne doit donc pas l'imposer d'une façon générale en tant que consommation. Mais elle n'est pas toujours conforme à la deuxième partie de la volition nationale,

« nous tous, concitoyens, »

ni à la troisième partie :

« fût-ce aux dépens des autres hommes. »

et c'est alors qu'il faut l'atteindre.

C'est non pas la consommation, mais le mode de consommation qu'on doit frapper.

C'est encore une amende, si l'on veut, c'est une amende sur les *capitaux délinquants*, assimilable à l'amende sur les *individus délinquants* dont nous avons parlé plus haut, le critérium pour reconnaître s'il y a délit étant d'ailleurs absolument le même.

Voici, par exemple, un citoyen qui engage son capital dans une affaire industrielle étrangère, ayant pour but de profiter aux citoyens de ce pays étranger [1] ; c'est un capital qui porte atteinte à la troisième partie de la volition nationale ; ce capital commet une tyrannie par excès.

1. Toutes les affaires à l'étranger ne sont pas dans ce cas ; une maison de commerce à l'étranger, destinée à commercer avec la patrie du citoyen qui y a consacré des capitaux, peut au contraire être éminemment utile au bonheur de ses concitoyens.

Imposons-le au maximum.

Voici un autre citoyen qui emploie son capital à se construire un palais somptueux; voilà un capital qui porte atteinte à la deuxième partie de la volition nationale; c'est un capital partial, qui s'emploie trop au bonheur d'un seul citoyen, en lui apportant une somme de jouissance manifestement supérieure à celle que le commun des citoyens pourra jamais atteindre.

Ce capital commet une tyrannie par défaut; frappons-le également d'un impôt considérable.

Et, par contre, épargnons tout capital qui s'emploie à la prospérité nationale, conformément à la volition base de la Nation.

Dans ce système fiscal, les citoyens riches seront presque les seuls imposés?

Évidemment, et il n'y a aucun mal à cela.

Mais alors c'est l'impôt sur le capital ou tout au moins sur le revenu?

Jamais de la vie; l'impôt sur le capital ou sur le revenu, l'impôt sur la richesse accumulée est néfaste entre tous; il tue dans un pays tout essor vers le progrès, ou du moins tout essor efficace.

La richesse accumulée[1] est un instrument dont on peut tirer tout le bien ou tout le mal, au gré de son possesseur.

Ne la frappons donc pas préventivement, comme le fait un impôt sur le capital ou sur le revenu, avant d'avoir vu son possesseur à l'œuvre.

C'est absolument ce que nous disions (page 195) à propos des éducateurs qui sont aussi,

1. Le présent éloge de la richesse accumulée ne s'applique, il est à peine besoin de le dire, qu'aux fortunes acquises d'une manière conforme à la volition-base de la Nation, c'est-à-dire par des moyens honnêtes lorsque la fortune s'est créée dans le pays, puisque le critérium de la volition nationale et celui de l'honnêteté concordent exactement quand il s'agit des rapports entre concitoyens.

Quant aux fortunes acquises au moyen de délits, elles ne pourront plus se produire, leur développement étant coupé dans sa racine, si, comme nous le proposons, chaque délit est puni par une amende assez forte pour être efficace.

Pour les fortunes acquises malhonnêtement à l'étranger, ce n'est pas précisément cette origine que le gouvernement national peut reprocher à leur possesseur; tant pis pour l'étranger mal gouverné qui l'a laissé faire; si on peut le tenir à bon droit pour suspect, c'est qu'il y a, non pas une certitude, mais une forte présomption de le voir, le cas échéant, agir tout aussi malhonnêtement envers ses propres concitoyens.

suivant la façon dont ils se comportent, la source d'un grand avantage ou d'un grand dommage pour l'humanité.

Les éducateurs et les capitalistes sont très comparables en ce sens qu'ils portent en eux, les premiers, le potentiel de tout bonheur moral, et les seconds, celui de tout bonheur matériel pour les citoyens.

Donc, pas de lois préventives contre eux, mais ce même délit spécial de forfaiture que nous avons demandé contre les éducateurs en cas d'indignité constatée, nous le proposons dans le même cas, sous forme d'impôt, contre les capitaux également indignes.

S'il nous arrive de frapper fortement un citoyen riche, ce n'est pas pour sa richesse elle-même, mais parce qu'il aura employé ses capitaux à des usages peu ou pas conformes à la volition nationale.

Notre impôt n'est donc pas un impôt sur le capital ou le revenu; ce serait plutôt un impôt somptuaire, en partie du moins, car nous atteignons bien des dépenses autres que celles de luxe.

Le défaut de l'impôt somptuaire est, dit-on, de porter préjudice aux industries de luxe, aussi dignes d'intérêt que les autres, ajoute-t-on classiquement.

C'est vrai, mais tout impôt porte préjudice à une industrie quelconque.

Il faut évidemment un certain doigté pour frapper le luxe sans le tarir, c'est-à-dire pour ménager à la fois les intérêts du Trésor et ceux de l'industrie taxée; mais ce doigté est peut-être encore plus nécessaire et plus délicat quand on a affaire, comme cela a lieu avec beaucoup d'impôts actuels de consommation, à des industries de première nécessité qui, on nous l'avouera, ne sont pas moins dignes d'intérêt que celles de luxe.

Cette question de la répercussion de l'impôt sur les industries nous amène à dire un mot de la protection et du libre-échange.

Nous condamnons en général les droits de douane, considérés comme moyen d'alimenter le budget, parce qu'ils rentrent en général dans la catégorie des impôts de consommation, que nous avons repoussés, en tant qu'impôts à priori, nous réservant de les appliquer, sous forme d'amende, au moment seulement de la consommation, et suivant le mode de ladite.

Mais nous ne prétendons pas qu'il ne puisse être licite dans certains cas de protéger telle ou telle industrie nationale, et nous admettons fort bien, au point de vue de la protection, ce procédé que nous avons repoussé au point de vue fiscal.

La protection est parfois licite, si elle est efficace.

C'est là un point sur lequel il faut porter son attention, car il arrive souvent que les gouvernements opèrent une confusion, volontaire ou involontaire, en faisant passer pour droits protecteurs des droits qu'ils entendent créer simplement fiscaux.

Ils s'arrangent alors précisément pour que ces droits soient inefficaces, car, s'ils ne l'étaient pas, en ralentissant ou en arrêtant l'importation des matières taxées, ils tariraient les ressources que l'on a compté en retirer pour le budget.

C'est là précisément un de ces cas où l'on déploie le mieux, à tort, le doigté qui serait légitime dans d'autres cas.

Nous n'appelons pas droit protecteur efficace un droit de douane qui n'empêche pas l'entrée d'un kilogramme du produit étranger visé, et qui se contente par conséquent de permettre aux fabricants nationaux de vendre un peu plus cher le produit similaire, sans leur laisser augmenter leur fabrication.

C'est là un mauvais service à leur rendre, une façon artificielle de faire vivre des industries qui ne seraient peut-être pas viables sans cela.

Une industrie n'est *vraiment* protégée que si on lui permet de tendre, par un ralentissement de l'importation étrangère, à la fourniture complète au moins du marché national; et cette vraie protection ne doit être accordée en général qu'à des industries, encore à leurs débuts, mais reconnues capables de pouvoir, par leurs propres moyens, produire aux mêmes prix que les concurrents étrangers.

Pour juger un droit de douane au moyen de notre critérium, il faut donc bien faire la distinction.

Les droits de douane *vraiment* protecteurs peuvent être licites (à examiner chaque cas particulier).

Purement fiscaux, ils ne sont jamais légitimes.

Ce qui précède suppose que nous nous plaçons ici, comme toujours, au point de vue libertariste.

Si les déterministes, et en particulier les collectivistes, étaient dans le vrai, la protection ne serait plus facultative, suivant le genre d'industrie; elle serait obligatoire dans tous les cas.

Le collectivisme en effet, en attribuant le droit, et tout le droit, à l'État, lui impose en même temps tout le devoir, c'est-à-dire met à sa charge, d'une façon complète, l'existence et le bonheur des citoyens.

Ayant cette charge, l'État a en particulier celle de leur *assurer*[1] le placement des produits de leur travail, quelles que soient les conditions économiques de production, car c'est là évidemment le seul moyen de les faire subsister, et,

1. Ce que n'a pas à faire l'État non collectiviste.

pour que ce placement soit *assuré*, il faut que l'industrie nationale soit protégée à outrance par des barrières douanières ou autres absolument infranchissables.

Le collectivisme implique donc un régime de protection bien plus strict que le libertarisme[1].

Et cela aurait lieu, même si un groupe de pays voisins, et non plus un pays isolé, adoptaient le collectivisme ; il faudrait toujours élever une barrière entre ce groupe de pays et le reste de la terre.

Cela n'aurait plus lieu si la terre entière formait une seule société collectiviste, mais il faudrait pour cela que les hommes fussent capables de la volition totalement altruiste, ce qui est impossible.

Puisque, sans aller à demander une protection aussi générale que le fait la théorie

1. Nous avons vu en France des candidats élus à des fonctions politiques, parce qu'ils se prétendaient à la fois collectivistes et libre-échangistes !

Ce qui, en passant, nous donne une preuve du danger qu'il y a à imposer aux élus des mandats impératifs sur des points de détail, ces mandats pouvant être incohérents, absurdes même, par suite de l'incompétence de la majorité des citoyens en matière de gouvernement.

adverse, nous reconnaissons qu'il peut y avoir lieu de protéger certaines industries, quelles sont donc celles qui doivent mériter notre sollicitude?

Ce sont bien évidemment les plus utiles au bonheur demandé par la volition nationale, ce sont les inverses de celles qu'il faut taxer.

Voici par exemple une industrie qui importe de l'étranger une matière première (que ne produit pas notre sol) pour l'ouvrer sur notre territoire et la réexporter ensuite avec le bénéfice.

Le cas n'est pas douteux; il faut la protéger, car elle crée sans conteste de la richesse nationale qui contient, en puissance, du bonheur pour les citoyens.

Il y a d'autres industries qui ne créent pas la richesse, mais la transforment (construction d'outils, de machines, etc.).

Ces industries-là, il y a déjà moins lieu de les protéger, mais il n'y a pas lieu de les taxer non plus[1].

1. La facilité de perception, considérée comme critérium de

Attendons; continuons à suivre la richesse ainsi transformée jusqu'à ce que nous ayons vu ce qu'elle deviendra au sortir des industries de dernière transformation qui la livrent à la consommation (agriculture, industries alimentaires, de l'habillement, industries de luxe, etc.).

Attention! ici, il faut nous arrêter.

D'après la définition même que nous avons donnée de la richesse, toute consommation de richesse est un bonheur en acte, une jouissance.

Sans doute; mais il y a des jouissances qui rendent malades ceux qui s'y livrent.

De ce que, nous, libertaristes, nous n'avons pas affaire comme les déterministes à des citoyens totalement infirmes, il ne s'ensuit pas qu'ils n'aient pas besoin d'hygiène pour rester en santé.

Ah! si c'était de leur propre gré qu'ils contrevenaient à cette hygiène, s'ils se rendaient malades de propos délibéré, nous n'aurions rien à leur dire, nous, gouvernants libertaristes; ce serait leur droit absolu.

l'assiette des impôts, conduit parfois à cette absurdité de *taxer* et de *protéger* à la fois une même industrie!

Mais tel n'est pas le cas; ils manquent à l'hygiène par ignorance pure, leur volition essentielle étant, à n'en pas douter, de rester en santé pour être heureux, et nous, gouvernants, ils nous ont choisis justement pour suppléer à leur ignorance par notre science et pour réaliser leur volition essentielle.

Notre devoir est donc impérieusement tracé; nous devons empêcher qu'aucun citoyen se rende malade lui-même d'indigestion, ni rende ses concitoyens malades d'envie.

Ceci est, pour la question économique, la forme concrète de notre critérium de la raison d'État.

Manquer à ce double devoir, c'est nous rendre coupable de tyrannie par défaut, dans le premier cas, à l'encontre du malade par indigestion, dans le second cas, à l'encontre des envieux.

Ce précepte nous indique les industries qu'il faut frapper, parmi les industries nationales, et celles au contraire qu'il faut immuniser, sinon protéger; les premières sont, bien entendu, les mêmes que nous avons déjà désignées plus haut (page 253) comme délinquantes contre la volition nationale.

En plus des deux maladies d'indigestion et d'envie, il en est une troisième, la pire de toutes, la maladie de la faim, que le gouvernement doit s'efforcer aussi de prévenir, il est à peine besoin de le dire.

Pour ce faire, il doit deviner, introduire et favoriser les industries susceptibles de réussir dans le pays.

Ici se présente la question du *droit au travail*. Des citoyens que leur métier ne nourrit pas ou ne nourrit plus, peuvent-ils licitement recourir à l'État pour remédier à cette situation?

Ce point est fort contesté par les sociologues.

En ce qui nous concerne, nous répondrons affirmativement, en ce sens qu'ils peuvent demander au gouvernement de leur désigner une autre industrie qui puisse les employer plus avantageusement, ou tout au moins de leur indiquer une émigration profitable.

Ceci résulte immédiatement de ce que les gouvernants sont présumés plus compétents que les simples citoyens.

Mais le gouvernement (non collectiviste) ne doit que des conseils, et non pas des assurances; les citoyens ne peuvent exiger que le gouvernement les fasse vivre coûte que coûte, sans qu'ils changent de métier ni de résidence.

Vouloir faire subsister, à coups de subventions, une industrie qui n'est pas ou qui n'est plus viable dans le pays, c'est une lourde faute et une exaction totale au détriment des contribuables.

Dans notre revue précédente des industries (page 261), nous n'avons entendu parler que des industries viables.

Pour ces dernières, de même que nous avons admis parfois la protection douanière, nous ne pouvons rejeter totalement les subventions; mais il faut être très circonspect en cette matière pour ne pas tomber dans la tyrannie exaction, tout au moins avec le système de la centralisation; et ce n'est pas un des moindres avantages du système régional fédératif que de permettre une assiette plus équitable des subventions nécessaires.

Vouloir, par des tarifs protecteurs ou par des

subventions, soutenir une industrie non viable, c'est employer ce qu'on nomme vulgairement la médication des emplâtres sur des jambes de bois.

Une autre manière d'appliquer cette médication, c'est de s'attacher à détruire des effets dont on laisse par ailleurs subsister les causes.

Par exemple il y a des régions où la statistique relève que les dépenses en alcool sont sensiblement plus considérables que les dépenses en nourriture.

Si l'on veut, dans de telles régions, combattre le paupérisme sans s'attaquer à l'alcoolisme ;

Si l'on cherche à augmenter de plus en plus la puissance de l'armée tout en laissant, comme en France, la natalité diminuer de plus en plus dans le pays ;

Tout ce qu'on fera dans ces ordres d'idées constitue bien évidemment de magnifiques exemples du mode de médication indiqué plus haut, et l'on commet une exaction partielle dans l'emploi des ressources, parce que les sommes employées à réprimer les effets le seraient mieux à essayer de combattre les causes.

— L'État se procure aussi parfois des ressources au moyen d'un autre procédé, dénommé *Emprunt*, bien différent de tous ceux passés en revue jusqu'à présent.

Tandis que les autres ressources fiscales servent à faire face aux dépenses permanentes ou d'entretien, l'emprunt est plutôt destiné à pourvoir à des dépenses de premier établissement, aux travaux publics par exemple.

Il faut être très circonspect dans l'attribution aux frais de l'État des travaux et des services dits *publics*, car on arrive facilement à l'exaction partielle dans l'emploi si l'on met à la charge de tous les contribuables des frais qui n'avantagent qu'une partie des citoyens, soit plus que les autres, soit exclusivement.

Il nous semble par exemple que le péage des ponts par les usagers est plus logique, dans bien des cas, que leur construction aux frais de l'État.

Par contre, le service des postes, par exemple, présente un caractère assez net d'utilité générale pour devoir, s'il est effectué par l'État, être inscrit aux *dépenses* du budget, et non aux *re-*

cettes; ainsi seulement pourrait être justifié le monopole de ce service, nullement excusable s'il n'est qu'un prétexte à impôts.

Ces réserves faites au sujet de l'emprunt dans son emploi, considérons-le également dans sa source.

L'emprunt est un contrat par lequel l'État promet aux souscripteurs, en échange de leur argent, certains avantages : un revenu déterminé, l'exemption de certains impôts, l'amortissement dans telles et telles conditions, etc.

Il peut arriver que ces promesses de l'État ne soient pas tenues et que par conséquent le souscripteur soit lésé.

Nous ne visons pas ici le cas des conversions ou réductions d'intérêt; si cette réduction ne fait que suivre le taux général de l'argent, le porteur de fonds publics ne subit en réalité aucune perte; mais il peut arriver, et il arrive presque toujours dans la suite des temps, des circonstances (jusques et y compris le cas limite où l'État fait banqueroute) où la dépréciation du fonds d'État est telle, que le porteur de cette valeur subit une perte réelle, par comparaison avec la moyenne des autres valeurs foncières ou industrielles.

Quel moyen a l'État pour empêcher cette perte?

Un seul : faire pendant ces années maigres une conversion en sens inverse de celle qu'il fait pendant les années grasses, relever le taux de l'intérêt, de façon à rétablir l'équilibre avec la moyenne des autres valeurs.

Mais, ce faisant, il léserait les contribuables, qui, pour payer cette élévation d'intérêts, seraient frappés, justement pendant une période de crise, d'une augmentation d'impôts qui ne correspondrait pour eux à aucune augmentation des services rendus par le gouvernement.

L'emprunt est donc, par définition, un contrat par lequel l'État fait aux souscripteurs des promesses qu'il n'est assuré de tenir qu'en lésant les contribuables; comme ceux-ci ont toujours le droit de s'opposer, en refusant une augmentation d'impôts inutile pour eux, à la réalisation de ces promesses, c'est donc un contrat *fallacieux* et par conséquent c'est, en premier lieu, toujours un acte immoral.

Fidèles à nos principes, nous ne chercherons pas trop noise à l'État pour cela ; nous n'appellerons pas à notre secours les clichés connus, l'apitoiement sur les braves gens, les honnêtes pères de famille, frustrés du fruit de leurs économies pour avoir mis leur confiance dans l'État, ou dans toute entreprise qui porte à un degré quelconque l'estampille de l'État.

Nous avons vu que l'État n'a à se préoccuper de la morale en soi dans l'accomplissement d'aucune de ses fonctions ; cela est vrai, mais, ici, il y a une nuance.

L'emprunt n'est pas une fonction d'État ; ce n'est pas en tant qu'État que l'État contracte un emprunt ; c'est en qualité de simple particulier, de banquier, de débiteur quelconque.

Les premiers chercheurs d'or qui viennent exploiter des mines dans un pays vierge de toute civilisation ne remettent leurs lingots que contre un paiement au comptant ; le *crédit* n'existe pas parmi les hommes non organisés en société.

Il existe dans les sociétés organisées, parce que le créancier sait que le débiteur sera puni par les lois s'il ne tient pas ses engagements; la sanction des lois fait naître le crédit.

Mais quand l'un des deux contractants est un État, quelle sanction y a-t-il?

Aucune, car nous avons vu (page 210) que nul ne dicte en fait ni ne peut dicter en droit de lois aux États.

Le crédit public, n'ayant pas, comme le crédit privé, une raison d'être externe, indépendante du débiteur, ne peut exister que s'il a comme raison d'être interne la solvabilité parfaite, l'intégrité absolue, hors de doute, du débiteur.

Et voilà pourquoi exceptionnellement, en tant que contractant, l'État devrait être honnête et moral.

« *Medice, cura teipsum;* répresseur de torts privés, commence par être irréprochable toi-même, » peut-on dire à juste titre à l'État quand il se mêle de proposer un contrat.

Fermant cette parenthèse sur la question accessoire d'immoralité, nous arriverons à conclure d'ailleurs que le système des emprunts n'est pas plus conforme à la volition nationale, vrai fondement de la société, qu'à son pseudo-fondement, la morale.

En effet, si l'État ne tient pas ses engagements, il commet une tyrannie partielle par défaut envers ses souscripteurs, et s'il les tient aux dépens des contribuables, il exerce envers ces derniers une tyrannie, qui est une tyrannie générale avec le système fiscal usuel, puisque les contribuables, les consommateurs sont l'ensemble des citoyens.

Il en serait un peu différemment, à la vérité, si l'impôt revêtait, comme nous l'avons proposé, une forme exclusivement pénale contre les délinquants, individus et capitaux.

La tyrannie ne serait plus générale, mais seulement partielle envers une seule classe de citoyens, et la moins recommandable, celle des délinquants.

Mais ce serait toujours une tyrannie, et d'ailleurs l'augmentation du taux des amendes pour cause de dépression des fonds publics, c'est-à-dire pour une cause indépendante du nombre et de la gravité des délits, serait contraire à l'objectivité des châtiments qui est, comme nous l'avons vu (page 170), une condition essentielle de leur efficacité.

— A cette impasse où aboutit l'emprunt, alternative entre deux tyrannies, aboutissent également tous les contrats où participe l'État.

Lorsque par exemple un poste de fonctionnaire cesse d'être nécessaire, il y a toujours quelqu'un de sacrifié. Si l'on supprime le poste, c'est l'ex-fonctionnaire qui est lésé (au cas où il y avait des engagements envers lui, c'est-à-dire un contrat); si on le maintient, ce sont les contribuables qui pâtissent.

Et cette constatation nous confirme une fois de plus que nous sommes dans le vrai en affirmant que l'État ne possède aucun droit en propre.

Qu'est-ce en effet qu'un contrat? un échange de droits. Il nécessite par conséquent la possession de certains droits par chacun des deux contractants; *nemo dat quod non habet*.

Si l'État, si le gouvernement avait des droits, il pourrait être contractant sans inconvénient; en fait il ne peut l'être sans aboutir à la tyrannie; c'est une preuve, entre cent autres, qu'il n'en a pas.

Et cette superstition des droits de l'État, qui conduit à admettre des contrats faits par lui, entraîne encore bien plus loin dans l'absurde.

Quand il s'agit de juger ces contrats en cas de contestation, pour suppléer à l'absence de sanction extérieure (page 271), on en arrive à je ne sais quelle fiction, par laquelle l'État fiscal, par exemple, est justiciable de l'État judiciaire.

Un citoyen peut plaider contre l'État-partie, par-devant l'État-juge, sous les auspices de l'État-législateur! Ici nous sommes en plein mystère de la sainte Trinité; seulement un mystère n'a pas à être expliqué puisqu'il ressort de la foi, au lieu que les faits sociaux doivent pouvoir être expliqués par la science sociologique.

Il arrive parfois d'ailleurs que le citoyen demandeur gagne de tels procès.

Qu'est-ce que cela prouve?

Les pipeurs de dés laissent bien aussi parfois gagner leurs victimes.

L'État, pour se ménager du crédit, s'exécute parfois de bonne grâce, aux dépens des contribuables, c'est-à-dire aux prix d'une tyrannie;

mais s'il ne veut pas s'exécuter, allez donc trouver un moyen de l'y forcer.

Mais, dira-t-on, il est nécessaire que l'État passe certains contrats; pour recruter des fonctionnaires, par exemple, il faut qu'il leur fasse certaines promesses : inamovibilité, retraite pensionnée, etc.

Nous n'en voyons pas la nécessité.

En fait, la Nation ne fait pas de contrat avec les gouvernants (page 21); pourquoi ceux-ci en feraient-ils avec certains fonctionnaires ?

L'absence de contrat n'empêcherait pas de les conserver indéfiniment s'ils remplissent bien leur tâche, et, s'ils la remplissent mal, on doit au contraire les remercier, et on peut le faire sans les léser, s'il n'y a pas eu contrat[1].

L'État ne peut licitement faire que des *mar-*

1. En fait de retraites, nous visons ici les retraites budgétaires et non les retraites mutuelles; ces dernières sont fondées sur un principe fécond, qui est la liberté des intéressés, alors que les premières sont basées sur la servitude des contribuables.

Quant aux retraites pour des citoyens non fonctionnaires, c'est une question toute différente; nous ne pouvons nous en occuper ici, car la réponse à cette question varie suivant les temps et les pays.

chés, qui sont des échanges de *faits*, et non pas des contrats, qui sont des échanges de *droits*.

Payer les services des fonctionnaires, faire les achats dont il est besoin, ces opérations sont licites, comme l'impôt perçu dont elles sont l'inverse ; mais promettre des faveurs quelconques soit à un fonctionnaire, soit à un fournisseur, soit au souscripteur d'un emprunt, cela excède les pouvoirs de l'État, parce que si, en donnant l'impôt, les citoyens permettent de le dépenser, il n'en est pas de même des impôts à venir, que les citoyens restent libres de donner ou de ne pas donner et que l'État ne peut par conséquent engager.

Mais si, en déniant à l'État le pouvoir de faire des contrats, nous l'empêchons en particulier de recourir à l'emprunt, par quoi sera remplacée cette ressource ?

Cette ressource n'est utile que pour les dépenses publiques extraordinaires ; nous avons déjà mis en garde plus haut contre le danger qu'il y a à considérer comme dépenses à faire par l'État tous les travaux et services qui ne sont pas d'un intérêt absolument général, et qui par conséquent doivent être laissés à l'initiative locale et à la charge des capitaux privés.

Mais, en outre des faux travaux publics, n'y en a-t-il pas de vraiment publics, c'est-à-dire des travaux qui, d'une part, sont vraiment d'un intérêt général, qu'il *faut* exécuter, et qui, d'autre part, ne sont pas susceptibles d'être rémunérateurs, ce qui exclut la possibilité de recourir à l'initiative volontaire des capitaux privés, et les désigne forcément comme devant être à la charge de l'État.

Par exemple, un port de mer, une route, un chemin de fer ne peuvent-ils se trouver dans ce cas?

Nous répondrons carrément : non, il n'y a pas de travaux publics ni de services publics dans ce cas.

La seule différence entre des travaux d'utilité particulière et des travaux d'utilité générale consiste dans le temps qui est susceptible de s'écouler avant que lesdits travaux deviennent rémunérateurs, mais ils le deviendront toujours un jour ou l'autre si leur utilité est réelle. Dans le cas de l'utilité générale, ce jour viendra plus tard, voilà tout, mais arrivera toujours un moment où l'utilité générale obtenue sera monnayable sur le lieu d'emploi des capitaux, le port ou le chemin de fer, et où par conséquent les avantages seront recueillables par les actionnaires.

Tous les travaux, dits travaux publics, doivent donc être réalisés par des capitaux particuliers.

Même quand l'utilité générale ne doit se faire sentir que plus tard, il y a toujours un certain groupe de localités ou une certaine classe de citoyens qui sont appelés, en ce qui les concerne, à recueillir du travail projeté une utilité immédiate; ce sont ceux-là qui doivent être les premiers actionnaires, cette utilité immédiate compensant le défaut de rendement de leurs capitaux pendant quelque temps; les autres suivront plus tard, avec la prospérité commençante de l'entreprise.

C'est à faire comprendre cela, c'est à créer un tel état d'esprit parmi les intéressés éventuels, c'est à favoriser par des encouragements et des dégrèvements les débuts de ces entreprises que doit consister le rôle, non négligeable certes, mais purement tutélaire, de l'État; il ne doit pas aller au delà et donner des capitaux ou des garanties nécessitant un emprunt, ce qui est toujours sortir de ses attributions.

Si par cas on se trompe, si l'utilité du travail entrepris n'était pas réelle, il ne donne pas de bénéfices plus tard et les capitaux seront perdus; soit, on se trouvera dans le cas de toutes les entreprises privées.

La perte totale subie par les citoyens sera même un peu moindre que si elle s'était effectuée par l'intermédiaire de l'État, puisqu'il y aura eu le rouage de la perception en moins. Elle sera plus équitablement répartie puisqu'elle n'atteindra que les citoyens qui, après tout, sont devenus actionnaires de leur propre gré, et, même si l'État a encouragé moralement l'entreprise, on ne pourra pas récriminer contre lui au même titre qu'on le fait avec juste raison quand il entreprend lui-même ou garantit une affaire dont les résultats ne sont pas satisfaisants.

On comprendra mieux, après les considérations qui précèdent, pourquoi nous avons recommandé (page 254) de ne pas frapper préventivement les capitaux privés, source possible de tous biens pour une Nation, mais d'en favoriser, au contraire, l'accumulation, à la seule condition de ne pas perdre de vue qu'ils sont également la source possible de tous maux en cas d'emploi défectueux, et d'en surveiller par conséquent les emplois.

En dehors des services et travaux publics, il y a une autre catégorie de dépenses extraordinaires qui, elles, sont réellement improductives dans tous les cas, tout en étant d'une utilité incontestable, allant même parfois jusqu'à la nécessité absolue.

Ce sont les dépenses militaires défensives[1] (matériel, forteresses) et encore, par exemple,

1. Au point de vue fiscal, qui est celui du présent chapitre, nous n'avons à examiner que les dépenses militaires défensives.

Les dépenses nécessitées par les guerres offensives du deuxième type ne sont jamais licites, comme ce type de guerres lui-même, (page 214) et quant aux dépenses faites en vue de guerres offensives du troisième type, qui sont parfois licites (page 218), elles ne sont pas improductives; elles doivent donc être à la charge des capitaux privés, comme procédait, par exemple, la compagnie anglaise des Indes.

le paiement d'une rançon après une guerre malheureuse.

Pour ces dépenses, il n'y a pas à songer à faire appel aux capitaux privés, puisqu'ils n'en attendent aucune rémunération.

Dans ce cas, et dans ce seul cas, on ne peut pas éviter l'emprunt.

Cet emprunt est évidemment, comme tous ses congénères, une exaction, c'est-à-dire une tyrannie; mais cette tyrannie n'est pas imputable au gouvernement du pays, à condition qu'il ne fasse que les dépenses nécessaires pour la défense; elle est le fait des nations voisines.

La volonté libre d'une Nation est bornée par l'exercice d'autres activités libres extérieures, absolument comme cela se produit pour l'être humain isolé à l'état de nature; c'est une des formes du Fatum (page 15).

Et ceci est logique, les nations étant bien en effet des entités isolées à l'état de nature, puisque la volition de solidarité humaine, qui crée la Nation, ne va pas au delà (page 49).

Les alliances qui se produisent parfois entre nations sont loin d'infirmer ce que nous avançons; elles ne sont pas le fait d'une extension extra-nationale de solidarité, mais bien, au contraire, le résultat de l'égoïsme national; c'est un marché dans lequel chacune des deux parties cherche à se procurer un avantage aux dépens de l'autre.

La plus habile y trouve toujours son profit; quelquefois il arrive que les avantages sont partagés, quand les deux sont également habiles; mais ce résultat n'est jamais dû à l'altruisme des co-traitants qui, étant des nations, sont des êtres d'égoïsme pur.

Ainsi les dépenses militaires sont une tyrannie?

Oui, incontestablement.

On peut demander au gouvernement de les borner à ce qui est nécessaire pour la défense, ce quantum ne dépendant pas d'ailleurs de la volonté du gouvernement, mais de la situation du pays.

On peut lui demander encore, par des alliances habilement faites, d'abaisser encore ce quantum autant que possible.

Peut-on aller plus loin, lui demander une diminution encore plus grande de ces charges, ou leur suppression complète?

Non, car il n'en a pas la liberté.

Ceci bien compris, il nous semble qu'il n'y a plus lieu d'ajouter un mot, de part ni d'autre, aux discussions pour ou contre le militarisme.

Dans ces discussions, en effet, les uns font le raisonnement suivant :

1. La raison nous dit que l'entretien des armées est une tyrannie ;

2. Or, il ne peut y avoir de tyrannie nécessaire ;

3. Donc, on peut supprimer les armées.

Tandis que les autres se disent :

1. L'expérience nous enseigne qu'on ne peut supprimer les armées;

2. Or, ce qui est nécessaire ne peut être une tyrannie;

3. L'entretien des armées n'est donc pas une tyrannie.

Les uns et les autres, avec un point de départ juste, arrivent à une conclusion erronée, ne tenant pas compte qu'il y a bien une sorte, et une seule, de tyrannie nécessaire, celle qui provient du Fatum.

Ces raisonnements ont peut-être l'apparence d'être logiques, mais ils ne le sont pas en réalité.

Se contenter d'analyser un raisonnement en le divisant en ses trois propositions essentielles, la majeure, la mineure et la conclusion, ce n'est encore que de la rhétorique ; la vraie logique, si elle nous commande de faire cette analyse, ne nous donne ce précepte que pour nous permettre de scruter plus facilement l'exactitude de chacune des trois propositions du raisonnement ainsi disséqué.

Nous ne prétendons pas que cela soit toujours facile, mais enfin, dans l'exemple précédent, il n'est pas malaisé de reconnaître l'inexactitude de la proposition mineure : « il ne peut y avoir de tyrannie nécessaire », car personne ne peut ignorer ni contester l'existence des trois formes du Fatum (pages 15 et 16), qui réalisent la définition même de la tyrannie :

« Ce qui limite, ce qui contrarie la liberté humaine. »

On dit souvent que toute erreur repose, comme celles dont on vient de voir deux exemples, sur un fond de vérité.

Ceci n'est pas toujours exact, surtout pour les erreurs individuelles.

Un individu peut avoir été trompé, avoir recueilli un renseignement faux ; tous les raisonnements, si justes soient-ils, qu'il édifiera sur cette donnée inexacte le conduiront à des conclusions erronées, qu'on ne pourra pas dire basées sur un fond de vérité.

Pour les erreurs collectives, le cas est déjà plus rare, car les opinions collectives ne se forment guère qu'à la longue, en plusieurs générations ; avant donc qu'une erreur soit devenue collective, il y a des chances pour que la fausseté du point de départ ait été reconnue.

Mais, malgré cela, il y a des erreurs fondamentales qui n'ont pas encore été complètement démasquées depuis le commencement de la civilisation.

Parmi elles, en première ligne, est la croyance au droit de Souveraineté, avec laquelle nous avons été bien souvent aux prises dans le cours de ces études.

Cette erreur une fois bien reconnue, c'est-à-dire étant bien entendu qu'il n'existe pas de droit souverain ni chez un homme, ni chez une collectivité, et qu'il n'y a pas d'autre droit que le droit individuel, égal chez tous les hommes, tous les vrais préceptes de la sociologie découlent de cette donnée et s'enchaînent les uns aux autres avec une facilité et une clarté qui auront transparu, nous l'espérons, même à travers l'obscurité du style du présent ouvrage, imputable à l'inexpérience de l'écrivain.

Et cela parce que, quand on possède un point de départ juste, pour arriver à des conclusions également exactes, il suffit de ne pas s'écarter, comme nous nous y sommes efforcés, des principes et des méthodes de cette bonne vieille logique, peut-être un peu trop négligée et écourtée, dans les cours et traités actuels de philosophie, au profit de sa jeune rivale, la certes captivante, mais encore trop hypothétique psychologie.

TABLE DES MATIÈRES

PREMIÈRE PARTIE

Détermination du critérium de la raison d'État.

DEUXIÈME PARTIE

Applications générales du critérium de la raison d'État.

A LA MÊME LIBRAIRIE

VIENT DE PARAITRE :

PHANOWITCH

Quand on aime bien, roman. . . . . **3 fr. 50**

ANDRÉ BEAUNIER

Notes sur la Russie. . . . . **3 fr. 50**

Bonshommes de Paris, 1 vol. in-4° carré.
Broché . . . . **9 fr.**
Relié . . . . **12 fr.**

HUGUES REBELL

Trois artistes étrangers, in-16 illustré . . . **15 fr.**

Il a été tiré de cet ouvrage :

20 exemplaires sur japon, N°s 1 à 20, et portant le nom du souscripteur. . . . . **100 fr.**

Chaque reproduction des gravures est tirée en noir, bistre et sanguine.

40 exemplaires sur hollande, N°s 21 à 60, portant le nom du souscripteur. . . . . **40 fr.**

Chaque reproduction des gravures est tirée en noir et sanguine.

490 exemplaires sur vélin, numérotés de 61 à 550. . **15 fr.**

Typographie Firmin-Didot et Cie. — Mesnil (Eure).

www.ingramcontent.com/pod-product-compliance
Ingram Content Group UK Ltd.
Pitfield, Milton Keynes, MK11 3LW, UK
UKHW012016240726
13965UKWH00002B/404